VISITE
A GODENHOLM

suivie de

LA CHASSE AU SANGLIER

DU MEME AUTEUR

chez le même éditeur

Chasses subtiles
Essai sur l'homme et le temps
Abeilles de verre
Héliopolis
Graffiti/Frontalières
Jardins et routes — Journal I 1939-1940
Premier journal parisien — Journal II 1941-1943
Second journal parisien — Journal III 1943-1945
La Cabane dans la vigne — Journal IV 1945-1948

ERNST JÜNGER

VISITE A GODENHOLM

(Besuch auf Godenholm)

suivie de

LA CHASSE AU SANGLIER

(Die Eberjagd)

traduit de l'allemand
par Henri PLARD

CHRISTIAN BOURGOIS EDITEUR
8, rue Garancière - Paris VIe.

ISBN 2-267-00219-1

VISITE
A GODENHOLM

I

La mer était si paisiblement lisse qu'à peine ourlait-elle les falaises d'un friselis d'écume. Des oiseaux marins reposaient par groupes sur les ondes. On eût dit que la mélancolie, la déréliction du rivage prenaient au spectacle de ces rêveuses escadres une profondeur nouvelle — comme si le vide se fût noué en elles. Par instants, il élevait sa voix dans le cri d'une mouette.

A chacun de ces appels perçants et plaintifs, un frisson courait sur le visage de Moltner. De longs jeûnes l'avaient émacié, et sa peau bronzée par des soleils plus méridionaux avait pris maintenant une teinte verdâtre. Les oiseaux gris aux yeux rouges l'emplissaient de dégoût ; il voyait en eux des incarnations de l'élément spirituel, exsangue, dont la pureté l'effrayait d'autant plus qu'il y discernait le danger, la fatalité de son existence. Et la terre, elle aussi, semblait taillée dans la matière grise de quelque cerveau, lorsqu'elle apparaissait confusément aux pâles clartés électriques de minuit.

Les criaillements des oiseaux s'achevaient par des éclats de rire railleurs et discordants. Ils semblaient annoncer une naissance solennelle — clameurs prophétiques de bêtes augurales, qui précèdent la marée des images. Ils évoquaient les douleurs de la gésine, auxquelles Moltner résistait de toute sa force — bientôt, les visions allaient monter de l'abîme.

Lorsqu'il suivait la frange du rivage, il arrivait qu'il fît s'envoler par instants une bande d'oiseaux gris. Il voyait alors, tandis qu'ils battaient des ailes, stridents, autour de sa tête, le poisson qui les avait assemblés, fantôme argenté, aux yeux exorbités, au ventre ouvert à coups de bec. Ses entrailles blêmes avaient été traînées à travers la plage. Cette image l'obsédait lorsqu'il entendait leurs cris, mais, en vertu d'une étrange inversion, il y trouvait le présage d'un éventrement.

Un frisson de fièvre le secoua ; il se

tapit frileusement dans son manteau. Le temps était venu de mettre fin à tout cela. Il partirait dès demain. Il se le dit à lui-même, tout bas ; ces monologues devenaient fréquents.

« Mieux eût valu le Sahara ; on aurait au moins vu le soleil. Mais c'est ma faute, si je me suis tant attardé — après tout, j'aurais dû savoir ce qui me convient. »

Un ricanement grinçant déchira de nouveau la solitude. Moltner sursauta :

« Je me signerai trois fois, quand j'aurai passé le Brenner. En venir là, après de telles attentes ! Je connais d'autres manières, et de plus agréables, de se démolir le système nerveux. »

Ejnar, Ulma et Gaspard semblaient indifférents à ses soliloques ; ils en avaient pris l'habitude. Ils cherchaient des yeux les contours de l'île, qui commençait à émerger de la brume, et à laquelle Moltner tournait le dos. Dans ce temps de l'année, le soleil ne s'élevait guère qu'une heure durant au-dessus de l'horizon. Mais il demeurait invisible, car son disque blafard ne montait pas plus haut que les montagnes. Sa lueur ne faisait qu'aviver les ombres grises qui donnaient à la terre et à la mer une allure abstraite. Le silence de la nuit se prolongeait, si bien qu'on entendait au loin le claquement des avirons.

Moltner était assis, la tête nue, sur le banc de proue. L'effet de son crâne énorme était souligné par sa calvitie, qui n'avait épargné qu'une ligne de cheveux au sommet de sa tête. Le reste recouvrait en collerette noire ses tempes et sa nuque. Son corps paraissait menu, comparé à un tel crâne, et Ejnar l'avait un jour, par plaisanterie, traité de géant cul-de-jatte. Une volonté de fer s'unissait en lui à une passion de la recherche, toujours en quête de frontières à traverser. Mais il était trop versatile pour jamais atteindre un but lointain. Il errait aux confins des choses, changeait de maîtres, d'idées et de problèmes, et était prompt à se laisser décevoir.

Ejnar et Ulma occupaient le banc du milieu. Ils regardaient droit devant eux. Ejnar portait encore des traces visibles de l'héritage qu'il tenait de ses aïeux flamands. Son visage carré aux yeux placides, bleus, un peu fixes, était de coupe paysanne. Ses cheveux blonds lui pendaient en désordre sur le front. Il était vêtu d'une blouse de toile comme en portent les pêcheurs ; entre sa culotte et ses grosses bottes de mer, la chair de ses jambes luisait, rougie par l'air salin. Il tenait une ligne dans sa main.

Ses traits dénotaient l'un de ces tempéraments opiniâtres, insensibles à tout ce qui ne les attire pas, mais qui s'accrochent à l'objet, une fois qu'ils l'ont saisi, et qui poursuivent leur avance dans cette unique direction. De telles natures sont de bonnes fondations pour les écoles, car ce qu'ils ont connu leur entre dans la chair et le sang. Moltner ne voyait en tout cela qu'un manque de sens critique.

Ejnar se consacrait à la préhistoire, bien qu'il n'admît pas ce terme. Il voulait qu'on parlât de protohistoire. Après la fin de ses études, dans des universités allemandes, il avait mené une vie errante. Moltner savait qu'il s'était mis en quête des autels au soleil dans les lieux les plus divers de l'Europe et de sa frange d'îles. Il existait, paraît-il, certains tertres, reconnaissables à des signes particuliers, au sommet desquels on découvrait de tels blocs. Ils avaient la forme de disques coupés par les bras d'une croix, et avaient dû jadis servir d'observatoires, ou pour quelque autre fin. Une rupture avait dû se produire dans l'Histoire, et c'est ainsi qu'on les avait ensevelis. Sur certains de ces tertres, à date fixe, on allumait encore des bûchers et l'on faisait rouler des roues enflammées tout le long de la pente. Les recherches et les fouilles d'Ejnar l'avaient sans doute mis en rapport avec Schwarzenberg. Celui-ci affirmait que toutes les religions du monde dérivent de très anciens cultes solaires. Il avait décidé Ejnar à suspendre ses investigations : ces pierres étaient semblables à des semences ; elles aussi attendaient que temps fût venu. Elles remonteraient alors d'elles-mêmes.

Au fond, Schwarzenberg n'était point adversaire de la science. Il ne la tenait pas pour une forme tardive de la vie spirituelle, et des termes tels que « le siècle des Lumières » avaient pour lui un sens élogieux. Elle devait seulement, en conquérant les matières les plus hautes, préparer l'épiphanie d'illuminations aveuglantes. Celles-ci seraient précédées de périodes d'incendies. Il ne voulait voir que montées d'astres, là où les esprits subtils s'accordaient presque tous à proclamer le déclin. Vue séduisante, comme l'est toute prévision favorable. Devant les catastrophes, on pouvait se demander si cet optimisme n'était pas simplement, pour dire le moins, le fruit d'un instinct du bonheur. Mais on se sentait bien auprès de lui.

Ejnar lança sa ligne et la laissa se dévider le long du doris. L'appât était taillé dans du fer-blanc, peint de rouge à son extrémité supérieure. La spirale menue tournoyait sur l'eau, dans le miroir de laquelle elle traçait un sillage. Elle mettait une tache unique de rouge dans ce désert gris. Le crépuscule tombait déjà.

Ulma s'était penchée pour suivre le déplacement de l'appât. Elle portait la même blouse bleue qu'Ejnar, vêtement ordinaire des femmes, dans ce pays, lorsqu'elles travaillaient à la ferme ou aux alpages. Sous cette blouse, un chandail de laine moulait son corps mince. Ses yeux bruns et ses cheveux noirs lui venaient du type humain qui peuplait les baies. Mais le frémissement nerveux et la mobilité de ses traits ne s'accordaient guère avec la vie paysanne. Il est vrai que dans ces hautes latitudes, l'étrange était chose courante ; les longues nuits donnaient à l'Esprit la maîtrise des hommes, et non pas seulement du pays. Chaque ferme possédait ses livres. Il n'était pas rare non plus de voir les filles, leurs études achevées, revenir à la ferme. On ne pouvait savoir, lorsqu'on les voyait occupées à la fenaison, ou à traire les vaches, si elles n'avaient pas passé quelques années à l'Université ou dans les instituts. Elles étaient libres et souveraines, plus vives d'intelligence, au reste, que les hommes, sur qui semblaient peser la masse des montagnes et la monotonie de la mer. On le voyait aussi à Sandnes, où Ulma incarnait le principe du mouvement. Son père, le fermier Hersen, y avait offert le gîte à Ejnar et à Moltner, sur la demande de Schwarzenberg. Les jeunes gens et la fille du logis s'étaient vite liés d'amitié ; Ulma suivait Ejnar à la pêche, et Moltner dans ses promenades sur la côte ou à travers les montagnes. Elle les accompagnait souvent aussi, lorsqu'ils allaient retrouver Schwarzenberg à Godenholm, et y prenait part à leurs entretiens. Elle le connaissait de longue date, car, du temps qu'elle était petite fille, il lui arrivait déjà de séjourner à Godenholm. Il y avait plus longtemps encore qu'il s'y était fait bâtir maison. L'île n'était séparée de Sandnes que par un pertuis étroit, et les deux fermes entretenaient depuis toujours, dans cette contrée désertique, des relations de bon voisinage.

Moltner était surpris de voir Hersen laisser sa fille en faire à sa tête. Il en avait parlé à Ejnar qui, par ses voyages, connaissait mieux que lui la région, et qui avait protesté :

« Vous êtes trop porté à regarder ces choses avec les yeux d'un homme habitué aux pays du soleil. Sans cela, un caractère comme celui d'Hersen ne vous surprendrait nullement : il n'a rien que de très ordinaire. »

Ce n'était pas tout à fait faux. Les paysans, vivant disséminés sur les franges des baies ou dans les vallées, étaient semblables par leur caractère, parents dans la songerie. On les voyait presque toujours seuls à leur travail, soit en mer, soit près du hangar à bateaux, soit dans les bois des montagnes. Quand les dimensions de leur labeur les contraignaient à s'assembler, on n'entendait jamais un rire, et rarement une parole.

On n'avait pas l'impression que ces hommes se résignaient à la solitude, comme à un mal inévitable dans leur pays. Elle leur était familière, et ils la chérissaient. Ils l'avaient peut-être dans le sang, avec l'héritage de leurs pères, les premiers navigateurs et occupants du sol. Quelles étaient ces forces qui les avaient attirés vers les côtes lointaines de la mer du Nord et du Midi ? Conquêtes, pillages, aventures, pêches miraculeuses ? Tout cela certes, aussi — mais avant tout l'urgence qui les poussait vers les frontières et par-delà, jusqu'à l'orée de la solitude. Tant qu'elle était restée vivante en eux, ils avaient régné sur le monde, où qu'ils descendissent, sur ses plages, ne fussent-ils qu'une poignée, au port d'une ville populeuse. La richesse et la puissance, avec toutes leurs images, ne semblaient être que les intérêts, le profit terrestre issus d'un capital invisible. Celui-ci ne s'épuisait jamais, et recommençait à ruisseler comme une source, en tous lieux où survenaient leurs princes, leurs poètes et leurs découvreurs. Une clarté d'Islande baignait encore les agencements du monde mécanique. L'une des idées de Schwarzenberg était qu'il fallait replonger de la surface aux abîmes ancestraux, si l'on voulait établir une authentique souveraineté.

« Malheureusement, songeait Moltner, ce sont là des lieux communs. Qui, de nos jours, ne prétend pas cultiver sa part d'âme ? »

Ici, les femmes devaient souvent tenir seules les rênes du pouvoir, tout le temps que les hommes restaient absents de leur ferme, partis à la pêche, ou bien au cabotage et au pillage, qui se confondaient aisément, ou encore aux ripailles, qui parfois se prolongeaient des semaines entières. Même en ces âges nouveaux, une absence de quelques années n'avait rien d'insolite. On allait chasser la baleine, on naviguait sur des flottes étrangères, on abattait le bois au Canada.

Les femmes, en attendant, tenaient le gouvernail d'une poigne énergique. L'homme revenu, il en résultait un partage de toutes choses, un équilibre qui n'avait pas besoin de vaines paroles. Les deux partenaires donnaient l'impression d'être prêts à tout, bien qu'au fond il n'arrivât pas grand-chose. Cela venait peut-être de ce que la vie d'ici était semblable au sommeil, comme l'attestait du reste la toute-présence du gris. Et pourtant, de même que le gris dissimule en lui toutes les couleurs, cette existence crépusculaire semblait envelopper comme de voiles la possibilité du violent réveil et des actions bariolées. On le sentait à la qualité du silence, lourd, souvent irritant.

En fait, on vivait ici hors de l'Histoire, ou bien on y faisait irruption. Les temps d'essaimage étaient toujours revenus, où la jeunesse prenait la mer à la suite d'un prince. Ces incursions avaient changé la face du monde, mais n'avaient que rarement abouti à des fondations durables. Tout en elles demeurait éphémère, lorsqu'on les comparait à la permanence des villes magiques. Là, on thésaurisait la matière ; mais dans ce pays, on gaspillait la force, jusqu'au point où l'univers entier risquait de se transmuer en force pure, comme le voulait le modèle légendaire des incendies cosmiques.

La surface, toutefois, semblait terne, protestante, mercantile. Elle suait l'ennui, comme la lecture d'un roman scandinave. Et malgré cela, l'étrangeté profonde demeurait immuable. Il suffisait d'abriter ses yeux de sa main pour voir à travers le miroir gris, et l'on découvrait alors la vie foisonnante dont les fjords étaient inondés. Les hautes tourbières contenaient les archives de couleurs inconnues, attendant qu'un grand peintre les dévoilât. Il soufflait alentour des pics et des glaciers un vent de sournoiserie, plus fort que toute l'astuce du Midi. Seulement, toute cette contrée ressemblait à un échiquier désert ; l'ennui, la lassitude s'y attachaient comme des rideaux. C'est ainsi que la somnolence précède les songes.

On sentait une menace présente en germe. La coque de l'œuf était sans couleur ; de légers remous décelaient une vie secrète. Peut-être le jaune de l'œuf du phénix sommeillait-il sous cette enveloppe, ou l'embryon de Léviathan. En tout cas, il était dangereux de l'égratigner. C'est pourquoi les moindres bruits faisaient souvent jaillir en vous l'angoisse, celle de Moltner quand les mouettes poussaient leur cri, comme s'ils pouvaient déchaîner des avalanches.

Moltner n'en était pas moins dans l'erreur, lorsqu'il estimait ce pays incapable de préparer aux descentes dans les cryptes de l'esprit. A cet égard Schwarzenberg avait bien choisi. En réalité, Moltner demeurait captif du souci de la peau dont il s'était naguère dépouillé. Il savait que le naufrage avait eu lieu, et qu'on flottait sur un radeau bâti de bois d'épave. La sécurité y était moindre, et les valeurs provisoires, mais, malgré tout, on vivait encore de l'héritage, et il subsistait encore bien des obligations, et bien des moments aussi où l'on continuait à jouir de la vie. Certes, la durée de ce radeau était bien plus limitée que jadis celle du navire. La dislocation était prévisible. Tout était charpenté vaille que vaille. Si les cordes cédaient, il ne restait plus que l'abîme sans fond des éléments — et qui oserait le braver ? Telle était la question qui, pour l'instant, préoccupait les hommes. Tous vivaient à la dérive, dans l'attente de la catastrophe — non plus dans l'exubérance, comme autrefois, mais dans les affres de l'angoisse apocalyptique.

Examiner par petits groupes la situation, en tâter les frontières, d'expérience en expérience — ce comportement n'était pas absurde. Il n'y avait là rien de nouveau ; on l'avait toujours fait lors des grandes mutations — dans les déserts, les couvents, les ermitages, dans les sectes de stoïciens et de gnostiques, rassemblées autour des philosophes, des prophètes et des initiés. Il y avait toujours une conscience, une sapience supérieure à la contrainte de l'Histoire. Elle ne pouvait d'abord s'épanouir qu'en peu d'esprits et, pourtant, c'était la limite à partir de laquelle le pendule inversait son battement. Mais il fallait que pour commencer, quelqu'un eût pris sur lui le risque spirituel d'arrêter le pendule.

Tel était l'acte que Moltner avait attendu de Schwarzenberg, et sa désillusion était à la mesure des espérances qu'il avait nourries. Son tempérament en était cause, unissant les principes solaire et sanguin au scepticisme, de sorte que, sous ces latitudes, il était frappé d'abattement. Tout au contraire, Ejnar, neptunien et flegmatique, comme on eût pu le définir, prospérait autant que Moltner déclinait, et Ulma était ici chez elle.

2

L'appât, qui traçait sa fêlure sur le miroir de l'eau, disparut tout à coup, comme happé par les profondeurs, et Ejnar hala sur sa ligne. La résistance montra qu'un poisson avait mordu. Il attira lentement sa proie, qui trahissait sa présence par des mouvements onduleux. Un poisson noir, presque aussi long que le bras, apparut et, un moment après, il dansait sur les membrures du bateau, les martelant de ses soubresauts. Cette prise n'avait rien d'inhabituel, car le poisson, une morue noire, qu'on appelait « le charbonnier » dans le pays, passait en bandes dans cette saison, en pleine mer et à travers les baies, et se laissait facilement prendre à la ligne traînante.

Gaspard lâcha la godille dans son

encoche et sauta de son banc pour vider l'animal au fil du couteau qu'il avait toujours sous la main. Il le piqua à la hauteur des ouïes, qui s'épanouissaient, rouges de sang, et le tira jusqu'à la nageoire caudale. Puis il jeta les entrailles par-dessus bord, en réservant le foie, et rinça le poisson dans l'eau de mer. Un tel arrêt se produisait généralement un certain nombre de fois à chaque traversée, sauf les jours où les poissons, comme de connivence, refusaient de mordre. Mais, le plus souvent, la fringale les tenait, surtout en une journée comme celle-ci, où la mer avait le poli d'un miroir, et où la lune était dans son dernier quartier.

Puis Gaspard se rassit à l'arrière et se remit à godiller. Moltner le dévisagea d'un air maussade. Gaspard servait de factotum à Schwarzenberg, qui l'avait ramené d'un de ses voyages et pris à son service. Il se trouvait certainement dans son passé bien des périodes obscures, et sa langue maternelle restait douteuse. Il parlait l'allemand et le français avec une égale aisance, mais c'était l argot de la pègre. Il les entrelardait, non seulement de phrases arabes, mais aussi de bribes de langues inconnues ou baroques, et l'on pouvait en conclure qu'il avait passé des années dans des pays exotiques. Sa face rappelait une tête de mort ; ses joues se creusaient brusquement sous les pommettes. Il avait dit à Ejnar, dont il se méfiait moins que de Moltner, qu'il devait sans doute ces cavités à l'habitude de sucer l'embouchure des pipes d'opium. Inspiration naïve, mais, de fait, durant de longues années, perdu parmi les rizières et les marécages où pousse le bambou, il avait presque uniquement vécu de fumée d'opium. Il arrive d'ailleurs que des efforts énormes, et aussi des vices démesurés, sculptent une telle physionomie. Et lors même que les forces reviennent, le visage en demeure marqué, miroir d'une âme aveuglée par des flammes trop vives. Il fallait pourtant reconnaître que les yeux de Gaspard piquaient dans cette tête de mort deux fleurs merveilleuses. Ils étaient d'un bleu de gentiane, et il gardait encore des cheveux châtains plantés dru. Il avait dû voir de drôles de choses, et en gardait les stigmates des passions sans compromis.

Ejnar croyait savoir que Gaspard était né dans un village lorrain. A peine au sortir de l'enfance, il s'en était échappé pour mener une vie nomade et aventureuse dont il dévoilait à demi certains détails. Comme le faisait Schwarzenberg en esprit, Gaspard avait erré corporellement à travers le monde. Il en payait le prix de sa chair — en travaux, en fatigues, en danger. On ne le voyait jamais inoccupé, et la tâche qu'il abattait était surprenante. Son labeur semblait celui d'un automate ; on eût dit qu'il lui trempait les muscles plutôt qu'il ne les épuisait. Il travaillait au rythme des marches dans le désert, lorsqu'on se hâte vers de lointains points d'eau. Le curieux était que Gaspard avait l'air d'en éprouver du bien-être. Le travail à la lisière de l'effondrement le mettait dans l'humeur qui lui convenait. C'était sans doute cette raison qui l'avait mis en quête d'un tel labeur, dans des situations que d'autres préfèrent éviter — dans les carrières et les mines, chez les mercenaires, aux colonies, et dans les bagnes et les maisons d'arrêt. Il eût constitué une excellente réalisation du mouvement perpétuel, s'il n'avait toujours fallu craindre l'inattendu, une sorte de nonchaloir absurde. Moltner le dévisagea en hochant la tête.

« Voilà un gaillard avec lequel il faut s'attendre à tout. Et cette Erdmuthe est son pendant féminin. Que dire d'un maître qui se fait servir par de tels esprits ? »

Et, derechef, il songea : « Il est grand temps de mettre le point final à toute cette histoire. »

3

Une fois encore, l'appât plongea dans l'onde grise. Cette fois-ci, Ejnar tira un poisson d'un rouge de cire à cacheter et le remit à Gaspard pour qu'il le vidât.

« Le bergilt rouge », dit Ulma lorsqu'elle aperçut l'animal, auquel des yeux enchâssés comme des disques donnaient une allure d'avant le déluge. « Le temps va changer. »

Comme chacun dans le pays, elle était renseignée, depuis son enfance, sur le monde de la mer. Deux pâturages, le vert et le bleu, faisaient toute la richesse de la contrée. La remontée de certains poissons annonçait les phases de la lune et le changement de saison. D'autres ne s'élevaient des profondeurs qu'avant les tempêtes et les orages.

Ejnar examina sa pêche ; il avait le regard un peu fixe de ceux dont les idées tournent à la marotte.

« Une prise exceptionnelle. L'*Edda* mentionne déjà cette bête. »

Sa voix, elle aussi, avait une sorte de sécheresse mécanique, un tintement de verre. Moltner ne releva pas sa remarque. Il haussa les épaules.

« Si vous continuez à pêcher ainsi, nous n'arriverons qu'à la nuit tombée. Nous avons des choses plus importantes à faire. »

Ejnar se mit à rire. Rien ne pouvait altérer sa bonne humeur.

« Erdmuthe nous en saura gré. Nous lui amenons de quoi garnir sa cuisine. »

Gaspard était remonté à l'arrière et poussait le canot à grands coups de bras. Bien qu'il eût pu neiger, il n'avait sur le corps qu'un pantalon de toile bleue, roulé jusqu'aux genoux. Le couteau emmanché de corne de cerf dépassait de la poche cousue sur le devant. Tout, en cet homme, agaçait Moltner, et aussi sa manière de godiller, qu'il trouvait trop compliquée. Gaspard maniait à deux mains la pesante rame, mais seulement pour la tirer à lui ; puis il la repoussait de son pied nu. Ce mouvement en hélice donnait à la barque une accélération énergique. Mais l'effet, à vrai dire, était grotesque, car tantôt Gaspard se ramassait sur lui-même, et tantôt il s'allongeait d'un bond, comme une flamme. Moltner, accoutumé aux mouvements harmonieux du sport, y voyait une infraction aux lois de la symétrie.

« Sur quelles galères a-t-il pu bien apprendre à se trémousser ainsi ? », se demandait-il à part lui. « On a le mal de mer rien qu'à le regarder. Et je trouve aussi qu'il pourrait enfiler sa blouse quand Ulma est de la traversée. »

Cette remarque ne portait pas sur sa nudité — car ici, en été, ils se baignaient nus, selon la coutume du pays —, mais sur les tatouages de Gaspard. Le dragon aux écailles bleues et rouges qui lui couvrait presque toute la poitrine était, sans nul doute, tracé de main de maître ; par contre, on lui voyait aussi sur tout le corps et sur les bras des images telles qu'on en trouve griffonnées aux murs des lieux mal famés. Si l'on ne s'en apercevait pas au premier abord, c'est que leurs dessins étaient aussi denses que ceux d'un tapis. Moltner se perdit dans leurs entrelacs. Un trait rouge, avivé par le froid, détonnait dans cet ensemble. Ce devait être une cicatrice, trace d'un coup de scalpel maladroit.

Il demanda :

« Quel est le barbier de village qui vous a ainsi arrangé, en bas, à gauche, Gaspard ? »

Gaspard baissa les yeux vers son ventre :

« Cela, c'est le coup d'un charognard, avec son pic, aux carrières de Meknès. »

Il s'arrêta de godiller pour s'allumer une cigarette dont il aspira voluptueusement la fumée, qu'il souffla ensuite avec force.

« Qu'est-ce que c'est, les charognards ? » demanda Ejnar, tout en rentrant sa ligne.

« Les charognards, aux Bats d'Af, ce sont les mouchards. Ils n'y feraient pas grand mal, si les hommes n'y avaient de temps à autre des querelles, à cause de leurs mômes ; c'est à ce moment-là qu'ils montrent leurs museaux. Quand cela m'est arrivé, j'ai dû retenir mes tripes dans ma main. »

Ayant donné cette explication, il se releva pour se remettre à faire avancer le bateau, qui maintenant se rapprochait rapidement du rivage.

« Il faut que je me sois attendu à des merveilles, songea Moltner, pour ne pas avoir tiqué sur le personnel dont il s'entoure. Son domestique a tout du chenapan, et son Erdmuthe d'une maquerelle retirée des affaires. »

4

La quille racla le gravier. Ils sautèrent hors du doris et le poussèrent sous le hangar plat, aux murs duquel séchaient des filets et des cordages. Quand Gaspard eut passé une cordelette à travers les ouïes et la gueule des deux poissons, ils prirent un étroit sentier qui menait vers la ferme.

Une brume légère s'élevait des prairies qui s'étalaient derrière les dunes. Ses voiles blancs semblaient conférer aux genévriers une solennité d'attitude qui interdisait tout échange de paroles. Une aurore boréale s'esquissait au ciel.

L'île n'avait que les dimensions d'un parc de moyenne importance ; leur marche fut donc brève. Ils aperçurent bientôt la ferme, qui portait le même nom :

Godenholm. Elle était spacieuse, comme toutes les fermes de la contrée, flanquée d'étables et de granges, de hangars à bois, à tourbe, à fumer le poisson, et d'une resserre juchée sur de hautes échasses. Il y avait longtemps que Schwarzenberg faisait valoir une île voisine, Säkken, et remplissait ses greniers de ce qu'elle lui rapportait. L'intendante, Erdmuthe, assistée de Gaspard et de la fille de ferme, Sigrid, régnait à Godenholm quand Schwarzenberg était en voyage.

La maison d'habitation avait ceci d'insolite qu'une tour ronde, couverte en terrasse, en avoisinait le côté le plus long. Elle était bâtie de bois, comme tous les édifices de ce pays, et donnait à la maison l'aspect d'une station d'hydrographie. La plate-forme était surmontée d'un mât à signaux, visible des navires qui traversaient le fjord, comme aussi de Sandnes et de Säkken. Un pavillon faisait savoir si Schwarzenberg se trouvait dans l'île, et un second s'il pouvait recevoir. En hiver, ou par temps de brouillard, ils étaient remplacés par deux fanaux, l'un bleu, l'autre rouge.

Lorsqu'ils entrèrent dans la ferme, la porte de la buanderie s'ouvrit, laissant passer des vapeurs blanches. Erdmuthe en sortait, avec l'aide de Sigrid, un panier tout plein de linge. Ils la saluèrent. La vue d'Erdmuthe, comme celle de Gaspard, mettait Moltner mal à son aise ; son allure lui brouillait les idées. Aujourd'hui encore, tandis qu'elle souhaitait le bonjour à la petite troupe, devant la porte de la cuisine, son sourire lui parut sournois, pis encore, d'une cruauté sans détour. Il se tint dans l'ombre de la maison, tandis que Gaspard remettait les poissons à la femme. D'autres que lui eussent béé de stupéfaction devant le groupe que formaient le gaillard demi-nu, couvert de tatouages, et l'énorme gouvernante. Il vous remettait en mémoire une gravure telle qu'il s'en trouve dans les livres des vieux navigateurs.

Erdmuthe était d'une corpulence si débordante qu'elle menaçait de faire craquer la ceinture qui serrait son vêtement. Sa robe, ample et longue, portait des broderies grossières, telles qu'on en trace dans le Nord sur les peaux de renne, avec des aiguilles taillées dans les fanons de baleine. Elle gardait la tête penchée, et des mèches grises lui pendaient sur le front, lui cachant presque les yeux. Son sourire découvrait les dents rares, d'une longueur excessive, qui se dressaient dans sa bouche. C'était un sourire qui pouvait inspirer la surprise et la crainte, mais aussi la joie et la bonne humeur. Peut-être contenait-il les unes et les autres, et c'était le tempérament des hôtes qui les rendait sensibles à l'un de ces deux aspects. Ejnar le lui rendit, alors que Moltner semblait reculer comme en présence d'une menace.

Erdmuthe embrassa Ulma et remercia Ejnar pour les poissons ; elle n'y manquait jamais lorsqu'il apportait le produit de sa pêche. Au contraire, ses brocards, lorsqu'il avait fait chou blanc, avaient un ton mordant. « Un pêcheur de rien », cela prenait dans sa bouche le même accent qu' « un homme de rien ».

Tout en se frottant les mains, elle conduisit les hôtes par le portail jusque dans la grand-salle, située au rez-de-chaussée. La pièce était brillamment éclairée et faisait songer à ces chambres que les savants de l'âge baroque appelaient leur cabinet de curiosités. Les crânes et les trophées suspendus aux murs ou au plafond dataient de temps plus anciens, car Schwarzenberg n'avait, dans aucune des phases de sa vie, pratiqué la cynégétique. Il en allait tout autrement du fouillis d'objets exposés sur les tables et les rayons, et dont les uns provenaient des trois règnes de la Nature, tandis que d'autres étaient des fruits de l'ingéniosité humaine. C'étaient les sédiments des occupations de Schwarzenberg en ce lieu perdu, pour autant qu'elles étaient liées aux sciences. Il avait coutume de se consacrer tantôt à l'une, tantôt à l'autre, selon le cours tortueux et obscur de ses travaux.

Ejnar, porté à méditer sur les problèmes de méthode, et à qui le plaisir des études nocturnes était familier, s'étonnait souvent de l'aisance avec laquelle Schwarzenberg s'assimilait les différents secteurs du savoir. Sa mémoire et son sens des analogies l'équipaient de facultés encyclopédiques. Il divisait la science pour se la soumettre, en usant comme d'un arsenal auquel il empruntait tel ou tel instrument selon ses besoins. Un sculpteur qui tire d'un bloc de pierre une tête humaine devait saisir de la même manière, tantôt un maillet, tantôt un ciseau, ou un compas, sans songer aux artisans qui façonnent ces outils. Tel était le rapport de Schwarzenberg avec les sciences du XIXe siècle, dont il faisait grand cas, tout en pensant qu'elles n'étaient pas encore conçues selon leur sens véritable. Il apparaîtrait au moment où se dévoileraient les desseins élevés que renfermaient leur structure et leur croissance, et qu'on ne pouvait saisir, si l'on s'en tenait à leurs seuls rameaux. Il semblait qu'il s'imaginât cet événement, moins comme un fruit du temps et de l'évolution que comme une suite de dénudations. On déposait les outils, et les échafaudages tombaient ; le rideau se levait, la statue se montrait. On pouvait donc le qualifier d'optimiste, bien qu'il n'attachât guère d'importance au progrès.

Il aimait aussi l'allégorie du siège : on voit, des mois durant, les terrassiers et les sapeurs creuser des tranchées et s'assurer du terrain. Les officiers du génie et les ingénieurs poussent en avant, comme au jeu d'échecs, des figures diverses, subtilement agencées. On a, pour finir, l'impression d'un rituel qui, dans son déploiement ingénieux, n'a d'autre fin que lui-même. Puis le pavillon monte au mât, sur la colline où se tient le chef d'armée. Le but devient évident. C'est sur lui et en lui qu'était fondée l'unité de l'encerclement. Mais quel était le chef d'armée, dans ce plan gigantesque ? Le nom de la ville à prendre ? Questions qu'il laissait en suspens.

La lampe découpait un cercle de clarté sur la table de travail et son tapis vert. Dans ce cône de lumière, un objet unique était posé : une mince hache de pierre, dont les arêtes luisaient sous les rayons. Ejnar s'en saisit pour la soupeser. Il sentait à sa vue se ranimer en lui la vieille prédilection qui l'attachait à de tels documents. L'arme était taillée dans une pierre sombre et percée en son milieu d'un orifice étroit. Il lut l'étiquette : « Pierrailles du Danube, environs de Riedlingen » —, il s'agissait d'une trouvaille fortuite. Sa taille, son poli, toutes ses proportions portaient la marque d'options ancestrales. On y pressentait les premiers accords de thèmes classiques, et même rationnels, dans le songe de la vie. Au prix d'un tel objet, l'Orient des origines semblait d'une exubérance baroque.

Ce que Schwarzenberg appelait les cultures primitives était différent des notions scientifiques impliquées par ce terme. Il donnait à ces mots une acception musicale : les grands développements de l'histoire mondiale s'annonçaient par des ouvertures, des charmes magiques, des songes prémonitoires — par-delà le monde des mesures. Les thèmes se répétaient d'acte en acte, mais le temps s'y mêlait de plus en plus impérieusement. De là venait que les images étaient progressivement réduites, distordues.

Il ne concevait pas l'Histoire, ni les sciences de la nature, ni la cosmogonie comme une évolution telle qu'on se la représente à l'ordinaire, sous la forme de droites, de spirales ou de cercles. Il les voyait plutôt comme une série de sections de sphère, appliquées contre des noyaux étrangers au temps et à l'étendue. C'était de ces noyaux que rayonnaient les structures et les qualités, de plus en plus loin. Le grand mystère du soleil ne résidait pas dans ses dimensions. Aux temps et aux espaces, les transitions faisaient souvent défaut — argument en faveur d'actes qui se succédaient comme une chaîne d'explosions. La création n'était pas un acte initial : elle était possible en tout point où éclataient les flammes de l'inétendu. Cela nè se produisait que peu à peu, et toute génération était symbole de cet événement. Se lier l'un à l'autre en une fécondité créatrice, ce n'était pas seulement le but de l'amour, mais de toute communion supérieure, quelle qu'elle fût.

Il avait déjà parlé un jour à Ejnar de cette arme et de ce qui, en elle, le ravissait : la science précoce des lignes de moindre résistance, appliquée à elle sans fin précise, comme une sorte de luxe du savoir. Ainsi, certains coléoptères pratiquent au travers des feuilles des coupes moulées sur les formules des mathématiques supérieures. Schwarzenberg y voyait un signe de la raison à l'œuvre dans la vie indifférenciée. Cette raison était l'objet de la quête humaine, qui dressait les sciences comme des miroirs.

Cependant, Erdmuthe les avait annoncés ; elle les fit entrer chez le maître de maison. Sur quoi elle s'en retourna dans sa cuisine.

5

La pièce où ils pénétrèrent était également de plain-pied et occupait l'intérieur de la tour. Elle était octogonale, spacieuse, lambrissée de boiseries sombres, ce qui lui donnait un air d'austérité. Des rideaux verts dissimulaient deux fenêtres. Des stalles munies de hauts dossiers couraient autour des murs ; les sièges étaient séparés, deux à deux, par des appuis. Ils pouvaient servir d'accoudoirs, mais étaient assez larges pour qu'on y déposât des livres ou de la vaisselle. La chambre n'avait pas d'autre mobilier. Il était permis de la considérer comme un cercle qui se prêtait aux entretiens d'un petit nombre d'êtres humains. Elle avait, en même temps, une allure nautique, comme si l'on entrait dans une cabine de navire.

Le mouvement et la paix semblaient s'entre-pénétrer et s'harmoniser en ce lieu. Ils se croisaient peut-être en un point où dorment les tempêtes, comme des animaux que l'on surprend au gîte. De même, les songes et leurs vols rapides suivent le glissement dans le sommeil.

Un feu brûlait à découvert dans une cheminée de brique. La flamme montait toute droite, sans fumée. Elle dévorait des branches sèches de genévrier, qui exhalaient une odeur amère. Son dessus portait un chandelier dont les bougies répandaient une lumière douce.

Schwarzenberg était assis face à l'entrée ; il avait posé ses deux bras sur les appuis d'une stalle. Il était vêtu d'une robe de chambre agrafée à la gorge, et dont les manches s'évasaient autour des poignets. L'étoffe tombait si bas qu'on voyait à peine ses chaussures.

Lorsqu'ils entrèrent, le maître de maison salua ses hôtes d'un sourire et les invita à prendre place. Ils s'assirent et attendirent qu'il se mît à parler. Ils avaient déjà observé de tels rites, durant bien des après-midi et bien des nuits. Schwarzenberg aimait le silence et le cultivait comme un art. Il leur avait indiqué les traits minimes qui aident à le distinguer de la simple vacuité, le rendent fécond et sont connus en tout lieu où se pratique la méditation. Il attribuait au vieux proverbe selon lequel le silence est d'or plus de profondeur que l'esprit n'en saisit habituellement. Il avait, au nombre de ses qualités, l'art de retourner les monnaies courantes des mots : on apercevait alors, au lieu du chiffre, la vieille image héraldique, qui parlait en figures.

Comme toujours, Ejnar fut sensible à la paix qui rayonnait de sa présence. Il s'était souvent demandé à quoi elle pouvait bien tenir — peut-être aux corpuscules subtils qui se détachaient de cet esprit et chargeaient la pièce de fécondité ? La métaphore était sans doute trop visiblement issue du monde habité et mouvant. On eût dit bien plutôt que Schwarzenberg s'entendait à conjurer des images qui vous frôlaient de tout près, bien qu'invisibles aux yeux charnels. Ou bien, à l'inverse, entraînait-il ses disciples dans un monde lointain ? Différence toute relative, et pourtant importante.

Ejnar le dévisagea, comme il l'avait

fait si fréquemment. Schwarzenberg avait croisé les mains et les avait enfouies dans ses manches : on eût dit qu'il grelottait. Sa tête était un peu penchée ; les lueurs de la flamme et des bougies se jouaient sur ses traits, les revêtant de mobilité. Il avait l'air de sourire. Mais était-ce bien un sourire, ce qui brillait sur ce visage ? Ou le reflet d'une effrayante sérénité ? Ejnar en avait souvent douté. L'effet était celui d'une théophanie.

La physionomie de Schwarzenberg se signalait, au premier regard, par un dessin ferme et sûr. Des têtes comme la sienne pouvaient être gravées sur une médaille, ou taillées dans la pierre, et frappaient de face autant que de profil. Un visage tel qu'Ejnar en avait admiré, dans leurs multiples variations, sur les bas-reliefs du forum de Trajan —, un visage qui évoquait l'image du patriciat, un pouvoir nettement délimité et soustrait au doute. Là-haut, dans le Nord, il n'était pas rare qu'on rencontrât de telles faces ; dans les fermes perdues, dans les montagnes, ou sur la passerelle des petits chalutiers qui partaient pêcher le poisson. C'était là le type originel : ceux qui passaient ailleurs pour les maîtres de l'heure, les chefs des Etats, des flottes et des fabriques, en avaient gardé l'empreinte. Mais ils étaient déjà contraints de cultiver leur apparence et d'y ajouter un grain de cabotinage.

Pourtant, cette résolution tournée vers le monde ne représentait qu'un côté de sa nature. Sous elle, derrière elle, il se cachait autre chose, un aspect qui parfois se montrait également à découvert : circonspection, attente, et sans doute aussi sapience. La face apparente de ce caractère agissait fortement et impérieusement. Lorsqu'on s'attardait à contempler Schwarzenberg, elle se changeait en un rideau, derrière lequel on entrevoyait les mouvements d'une nature différente. Son sourire prenait alors une acuité particulière, et provoquait même une vague inquiétude.

Ejnar avait l'impression qu'à l'approche de Schwarzenberg, les sciences s'éclairaient. Une expression sèche du langage des spécialistes en tirait un rayonnement nouveau, et jusqu'alors insoupçonné. Celui qui portait en lui ces couches profondes devait, que ce fût par leur tension ou par leurs brusques intermittences, établir des contacts dont jaillissait la paix, le bonheur, surtout en un temps saisi tout entier par le mouvement. Il semblait en mesure de conjurer l'inquiétude qui accélère le rythme de notre monde —, l'oscillation de balancier fondamentale, qui se transmet à des légions de rouages, de machines et de véhicules.

Rares, à vrai dire, étaient ceux qui eussent pu en rendre témoignage — et tout d'abord pour la simple raison que Schwarzenberg tolérait autour de lui, comme en ce moment, dans cette île, une poignée d'êtres humains, tout au plus. Il semblait les prendre tels qu'ils se présentaient, sans égard à leur rang. Et c'est pourquoi il ne flottait pas autour de lui ces rumeurs qui mettent de tels esprits à la mode. Il dépendait du hasard qu'on le rencontrât.

Mais que devenait la part du hasard, lorsqu'on envisageait de pareilles rencontres ? On trouvait toujours aussi des points où se nouait le filet. L'un de ces points était, selon Ejnar, les autels solaires. Il était tombé, à l'intérieur de sa science, sur un secret, une énigme du passé. Au moment même où il le méditait, Schwarzenberg l'avait abordé — ce qui, à son sens, confirmait que la découverte avait été nécessaire.

Ejnar se souvenait de la lettre que Schwarzenberg lui avait adressée en ce temps-là. Elle n'était guère différente du courrier scientifique qui lui arrivait tous les jours, depuis qu'il menait ses recherches personnelles. Toutes ces reliques du passé, dolmens, allées couvertes, alignements de pierres, exercent quotidiennement la subtilité, la vigilance de certains esprits. Mais ce qui, dans la question de Schwarzenberg, avait surpris et même irrité Ejnar, c'était qu'elle se rapportât à des fouilles qu'il avait entreprises seul et croyait être son secret. Chaque savant ne connaît pas de temps plus beau que celui qu'il partage avec quelque trouvaille. Il n'aime pas qu'on le dérange en de tels moments.

Comme Schwarzenberg se trouvait à Berlin, lui aussi, Ejnar alla le voir dès le lendemain matin. Ce fut Gaspard qui lui ouvrit la porte. A peine avaient-ils échangé quelques phrases qu'Ejnar reconnut que Schwarzenberg avait mieux à lui donner que des vues originales sur la sphère des tombeaux. Ce sujet devint bientôt un thème entre beaucoup.

La première visite en entraîna d'autres. Elles se succédèrent à intervalles de plus en plus brefs, et ne tardèrent pas à devenir pour Ejnar une habitude, voire un besoin de chaque jour. Schwarzenberg habitait une villa devant la porte de Silésie. C'était avant l'anéantissement de cette capitale, ruine qui pourtant s'annonçait déjà aux sens aiguisés, car elle proliférait à la manière des champignons, dans les charpentes, le mortier, et surtout dans les physionomies des habitants. La force en vertu de laquelle l'ensemble maintient la cohésion des parties s'amenuisait. En même temps, un optimisme de surface célébrait ses fêtes, on bâtissait comme en vue d'une ère nouvelle. Apparemment, Schwarzenberg n'était troublé ni par l'un ni par l'autre de ces courants, encore qu'il les examinât tous deux avec un égal intérêt. Il poursuivait le cours de ses occupations. Ce furent d'autres raisons qui l'amenèrent à changer de résidence. L'une de ses règles prescrivait de s'orienter, non pas tant selon les catastrophes que d'après le baromètre de ses humeurs secrètes. On pouvait faire naufrage par temps calme sur des écueils cachés, et demeurer tranquille dans sa cabine au centre même du typhon.

Ce qu'Ejnar avait appris sur Schwarzenberg, il le devait à des rencontres de ce temps-là. Les faits restaient rares, et peut-être, sur bien des points, les avait-on grossis. On savait qu'il descendait d'une famille balte ; sa mère était originaire de la Westphalie. Dès sa prime jeunesse, il avait vécu en voyages perpétuels, d'abord avec des précepteurs, puis, plus tard, en puisant dans la fortune considérable qui lui était revenue à la mort de ses parents. S'intercalaient, entre ces deux époques, quelques années à Saint-Pétersbourg, où il avait été officier dans un régiment de la garde. C'étaient celles au sujet desquelles on était le mieux renseigné. On l'avait vu chez Tolstoï. Puis vinrent, de nouveau, de vastes voyages, qu'il avait entrepris en compagnie de Sternberg, un camarade lié à lui par une affinité de goûts. Ils avaient traversé des régions d'Asie, qui, à ce moment, restaient quasi inconnues, à pied, sur une monture, sous des déguisements de toute sorte. Dans la Mongolie du Nord, près de Tehurin, on avait perdu la trace de Schwarzenberg ; il avait longtemps passé pour disparu et n'était revenu à la surface qu'au temps de Kérensky. Après la chute de ce dernier, il avait quitté le pays par l'une des grandes voies qu'empruntaient alors les fugitifs : Constantinople, et de là Paris. Bien qu'il eût perdu ses terres des pays baltes, il passait pour avoir gardé de la fortune, venue de ses ancêtres maternels. Sans beaucoup dépenser pour sa personne, il menait l'existence d'un homme qui se consacre entièrement à ses études.

C'étaient des renseignements qu'Ejnar avait glanés en regagnant le centre de la ville, où l'un ou l'autre des invités de Schwarzenberg le raccompagnait parfois — relations anciennes ou récentes de l'amphitryon, avec lesquelles il avait partagé la soirée. La conversation tournait presque inévitablement autour de leur hôte. Mais il restait de grandes lacunes dans la mosaïque qui se dessinait de cette manière. Il s'agissait là d'une biographie que l'on pouvait qualifier d'insolite, mais garantie par un fonds d'esprit et de biens matériels qui suffisait à compenser ce qu'elle avait de saugrenu, d'aventureux, et à l'intégrer au bon plaisir d'un grand seigneur. Il avait accepté son destin, mais pour lui donner un sens, pour le modeler. Une telle liberté se rencontrait plus souvent au XVIIIe siècle ; elle avait survécu dans les régions dont Schwarzenberg tirait son origine. De là, aussi, la coexistence de penchants rationnels, et d'autres qui ne l'étaient en aucune manière.

On aurait pu dire que la carte de sa vie contenait des blancs, mais qu'avec un peu d'imagination, elle se laissait compléter sans trop de peine. Les catastrophes avaient fait dévier brutalement bien des vies. La plupart des hommes avaient vu et subi des scènes surprenantes. Symptôme, entre d'autres, que l'ère de la bourgeoisie était bien révolue. Mais quant à Schwarzenberg, il s'y ajoutait des rumeurs qui n'avaient rien de commun avec l'aboutissement de telles destinées dans l'espace de l'élémentaire, et, tout à l'opposé, troublaient pour d'autres raisons. Cependant, pour être ainsi troublé, à peine avait-on besoin des rumeurs. Sa présence émettait une tension, tantôt moindre et tantôt plus forte, mais qui vous envahissait impérieusement. Elle ne pouvait provenir de ses propos, puisqu'elle avait de plus puissants effets lorsqu'il se cantonnait dans le silence.

En soi, déjà, la manière dont on s'entretenait de cet aspect de son être était curieuse. Les voix changeaient alors de ton. Il semblait qu'on ne pouvait, ou ne voulait point appeler les choses par leur nom — et probablement l'un et l'autre.

Les chuchotements, les allusions faisaient songer à des domaines soumis à un interdit, à quelque tabou infrangible.

Voulait-il produire de tels effets, ou étaient-ils fondés sur une force soustraite à sa volonté ? Ejnar n'avait pas d'opinion sur ce point, mais il lui semblait que la fascination par cet esprit naissait plutôt de ses souffrances, et supposait d'immenses et douloureux efforts d'enfantement. Parfois, elles se trahissaient dans une atmosphère étrange. Ou s'agissait-il d'instants favorables, marqués par l'horoscope, qui s'épaississaient en pure matière de destin ? On marchait à travers des contrées sans routes. Le langage temporel, modelé par la volonté, était incapable de saisir de tels phénomènes ; ce serait plutôt la musique qui y parviendrait.

Quoi qu'il en fût, il devait survenir des phases au cours desquelles ce pouvoir immédiat devenait plus dense, signe avant-coureur d'une crise, et perceptible de lui-même. C'était peut-être la raison pour laquelle Schwarzenberg appréciait la solitude. Il arrivait qu'en des lieux étrangers, alors qu'il était en train, par exemple, de lire un livre, il attirât sur lui l'attention. Les entretiens s'interrompaient ; un cercle se formait, comme autour d'une lumière qui se met à briller d'un éclat toujours plus vif, jusqu'aux limites du tolérable, puis, peu à peu, s'estompe et s'éteint.

Les relations de tels moments ressemblaient aux textes simples que leurs copistes ont rendus confus. Ejnar avait, au lieu d'eux, leur source à sa portée, c'est-à-dire Schwarzenberg lui-même, mais rien que pour un peu de temps. Car les remous qui précédèrent la seconde des grandes guerres les avaient séparés. Schwarzenberg partit pour la Finlande, et Ejnar le perdit de vue. Quant à lui, il connut les expéditions guerrières en pays lointain, puis, comme tant d'autres, des années de misère et de cruelle captivité. Il avait éprouvé, au sein des ruines, la souffrance qui condamne à mort tout espoir. Un regret de tous ceux qui étaient tombés s'emparait de lui, lorsqu'il voyait sa patrie renversée dans la poudre comme une femme, comme une mère. C'est alors que la lettre de Schwarzenberg lui était parvenue, semblable à une colombe en plein déluge. Il puisait dans cette invitation à Godenholm une nouvelle santé, une assurance neuve.

6

C'est par l'intermédiaire d'Ejnar que Moltner avait fait la connaissance de Schwarzenberg. Celui-ci avait entendu Ejnar parler de son ami, et l'avait compris dans l'invitation, répondant au vif désir de Moltner, qui se promettait monts et merveilles de cette rencontre. Il était ainsi fait qu'il se trouvait sans cesse en quête de thaumaturges et d'aventures spirituelles. Sa profession de neurologue s'y prêtait ; dans ce domaine, le positivisme n'avait jamais entièrement triomphé, malgré de subtils efforts.

Durant la guerre, Moltner avait été médecin militaire, dans une formation où Ejnar, lui aussi, faisait son service. Il faut toujours un coup de chance pour qu'on découvre, en de telles circonstances, un homme aux penchants nobles, mieux encore, parents des vôtres. Tel fut le lien qui unit ces deux caractères, si différents par ailleurs, et en fit une paire d'amis. Ils aimaient se rappeler leurs longues promenades à deux, durant les heures de liberté que leur avait laissées le service, ou aussi leurs nuits bachiques dans le Midi. Ils étaient toujours ensemble lorsqu'ils abordèrent la catastrophe. Un tel commerce est capable d'édifier des palais au sein du désert d'un monde voué au travail. Il peut faire s'évanouir comme fumée les grilles de la captivité, et réduire à l'impuissance la faim elle-même.

Tandis qu'Ejnar n'était que trop enclin à la raideur, chez Moltner, ce fut une disposition à la souffrance, une rupture qui se révéla. Mais les lieux de rupture étaient, selon la maxime d'un poète cher à Ejnar, les lieux de découverte. Ni l'un ni l'autre n'étaient troublés de ce que leurs entretiens tournassent souvent au débat ; ils se sentaient bien plutôt complétés par ces différends. On ne pouvait dénier à Moltner une intelligence subtile, et du reste toujours aux aguets. Son tourment, l'inquiétude qui l'agitait consistaient en une quête incessante de choses qu'il ne possédait pas. Comme il ne les avait non plus jamais possédées, ces aspirations n'avaient rien de romantique. C'était un malaise, un sentiment confus des pertes imposées par le temps, qui l'agitait. Il ressemblait à la mouche prisonnière de la bouteille, lorsqu'il tournoyait ainsi le long du mur invisible qui le retenait captif. Bien qu'il ne le discernât pas, il ne souffrait que plus profondément de cette limite inexplicable dans l'espace de la liberté.

Comme nombre de ses contemporains, et même presque tous, Moltner était écrasé par un sentiment de privation. La pauvreté le blessait d'autant plus qu'il croyait savoir ce qu'est la richesse. Il était ce naufragé en pleine mer, tourmenté par la soif, tandis que des masses d'eau sans fin ondoient autour de lui. En outre, le sentiment imprécis qu'une libération était toute proche se jouait de lui. Il mettait toute sa ruse à tendre vers elle, mais sans jamais y parvenir. Plus il fatiguait son esprit, le bandait, l'affinait et tentait de lui arracher le miracle, et plus brusque, plus sévère était la chute dans la désillusion. Souvent, ce miracle semblait à portée de sa main, tel un papillon qui se berce sur une ombelle. Mais l'ombre de la main qui se refermait déjà pour le saisir l'effarouchait toujours. La proie et la méthode de la chasse étaient inconciliables. L'état de cet esprit était celui du chercheur de trésors dans la ballade [1] ; il ne récoltait qu'insatisfaction.

Le pire des tourments était de voir le temps dépouillé de sa magie. Il semblait avoir perdu ses valeurs rythmiques, l'ordre cosmique, la solennité des retours. En revanche, il gagnait en dynamisme ; il s'enfuyait d'un cours toujours plus rapide et plus monotone. Les instants le piquaient durement et vite, comme dans un vent de sable. Il n'y avait plus de repos ou d'arrêt, de jour ni de nuit. Les pensées étaient bien contraintes de s'y plier. Il s'y joignait une crainte, comme s'il se fût de loin senti happé par une cataracte.

Dans un tel état, Moltner avait parcouru à la hâte une suite de systèmes philosophiques, comme l'écureuil s'agite dans sa roue, sans bénéfice et sans apaisement. Il avait dû, pour ce faire, prendre sur ses nuits. L'établissement où il pratiquait sa spécialité était bondé. Les

1. De Gœthe, 1796. (N. d. T.)

maladies nerveuses prospéraient comme jamais encore.

Bientôt, il s'aperçut que les théories ne suffisaient pas ; il ne retrouvait jamais en elles que ce qu'il y avait mis. Il se tourna donc vers la pratique, les techniques et les méthodes telles que le yoga et les sectes ésotériques les prônaient à demi, et, à demi, les tenaient secrètes. Il chercha à se retourner l'esprit au moyen de drogues, et à l'éperonner jusqu'à la connaissance suprasensible, après s'être affaibli par de longs jeûnes. Tout cela ne faisait qu'aviver son inquiétude. L'aiguille courait plus vite, au lieu de s'arrêter.

De même que les malades cherchent sans cesse de nouveaux médecins, Moltner était à l'affût des cures miraculeuses. Habitué à tout révoquer en doute, il était également prêt à croire tout ce que lui apportait le vent. De cette manière, il suivait toujours des modèles et des guides, mais sans jamais leur garder longtemps fidélité. L'inquiétude le chassait plus avant.

Après la débâcle, il était rentré dans le giron de l'Eglise. Il avait pris garde, des mois durant, d'éviter les contacts impurs, soit dans ses rapports humains, soit dans l'image et l'écrit. Il avait passé ses habitudes au crible, avait même exercé sur ses pensées une stricte surveillance. Un rêve magnifique l'en avait récompensé. Il sentait un cristal se fondre dans sa poitrine. Un bonheur l'avait éveillé, qui s'infiltrait dans tous ses sens. Il lui semblait avoir frappé obstinément à une porte qui maintenant s'ouvrait, le temps d'une aumône.

De là, justement, peut-être, sa retombée. Actuellement, il cherchait en tous lieux et par tous les moyens à retrouver cet instant. Les Pères de l'Eglise avaient fait place sur ses rayons aux modernes, Français et Américains. Il y avait encore de la réalité chez eux, et, lui semblait-il, la seule qu'il pût désormais admettre. Le grand carnaval avait pris fin ; des masques isolés traînaient à sa suite. Les montrer, c'était assurer ses effets. Il en avait souvent parlé avec Ejnar, déconcerté par cette passion pour la pâture intellectuelle de cinq continents. Ejnar, quant à lui, tenait ces exhibitions pour de vaines parades, un signe certain d'impuissance. Il fallait en célébrer les rites de plus en plus souvent, de plus en plus crûment. La force d'images obscènes, sans rien qui les garantît, fondait aussi vite que neige, comme le papier-monnaie, ce pis-aller, qu'on imprime dans les années de famine.

Ce que Moltner apprit alors de Schwarzenberg, par des propos décousus d'Ejnar, le préoccupa fort. Des espoirs nouveaux s'éveillèrent en lui ; il pressentit qu'il était parvenu à bon port — un port dont la rumeur lui parvenait du septentrion. Aussi n'avait-il eu de cesse qu'il obtînt son invitation.

Une fois là-haut, il lui sembla d'abord que son attente allait se réaliser. Le climat était bénéfique. Les verts et les bleus dominaient. Le silence était apaisant ; l'air portait les voix des hommes et des bêtes au loin, par-dessus les détroits et les vallées de montagne. Les pâtres et les pêcheurs vivaient repliés sur eux-mêmes, comme s'ils étaient des frères convers au service d'un ordre qui leur eût imposé le vœu de silence. Le brouillard, la pluie, les longues tombées du jour ouataient toutes les impressions. La vie à Sandnes était simple, mais toute pleine d'une liberté qui rappelait un passé lointain.

La rencontre avec Schwarzenberg, elle non plus, ne l'avait point déçu. Ils traversaient le pertuis deux ou trois fois par semaine pour se rendre à Godenholm, où ils passaient aussi la nuit. Le maître de maison était souvent mal portant, mais toujours courtois et prévenant. On avait l'impression qu'il souffrait d'une sensibilité d'écorché vif aux changements du temps, et que les chutes de baromètre l'affectaient fréquemment jusqu'à la torture. Mais c'était justement dans de telles phases qu'il se montrait plus ouvert, plus disposé que jamais à s'intéresser. Schwarzenberg n'avait pas seulement vu bien des choses dans ses voyages ; il avait aussi fréquenté des esprits supérieurs et disposait d'une vaste bibliothèque. Chaque bateau qui remontait là-haut lui apportait revues et livres. Il avait le don de repérer immédiatement, dans cette masse d'imprimés, ce qui pour lui avait de l'importance.

Leurs réunions n'étaient guère différentes d'entretiens en partie littéraires, en partie scientifiques. Mais on avait l'impression que leurs signes et leurs symboles étaient les chiffres d'une réalité tout autre. Ils entraient et sortaient comme des messagers. De là venait sans doute que Schwarzenberg semblait souvent, tout à la fois, présent et absent, à la fois intéressé et distrait.

Quelle pouvait bien être l'intention de ces randonnées à travers l'art de guérir et l'ethnographie, la préhistoire, le monde des mythes ? Ils contenaient en eux un autre élément, plus captivant. Sous la maîtrise avec laquelle Schwarzenberg guidait les propos, se dissimulait un silence inquiétant. Il étalait un grand savoir sous leurs yeux, en éventail, comme un jeu de cartes. On pouvait se satisfaire de ce geste ; mais on pressentait qu'au dos des cartes étaient inscrits des gains bien supérieurs à ceux de la seule science.

Moltner avait conçu cette comparaison et avait brodé sur elle. Il disait, en effet, que dans les jeux de hasard, on expose le dos uniforme des cartes qu'on distribue, laissant à deviner les figures. Schwarzenberg procédait à l'inverse : il exhibait la multiplicité des figures et des chiffres, en dérobant le revers. Celui-ci était uniforme, indifférencié. C'était la marque d'un grand seigneur, qui ne s'attardait pas aux distinctions et n'avait pas besoin de se remettre aux mains de la Fortune.

Le bonheur des premières semaines avait eu pour échos de tels jugements. Certes, le changement brutal de climat y contribuait pour sa part. Moltner ne se souvenait point d'avoir jamais vécu si librement, sauf dans sa première enfance. Il lui semblait avoir pénétré dans un cercle magique, où la responsabilité, la souffrance et la faute elle-même s'allégeaient. Le temps, avec son inquiétude, reculait, lui aussi.

Puis vint la rechute ; Schwarzenberg l'avait prédit. Sur la mer, dans les montagnes, un je ne sais quoi de torturant grandit ; des traits de fantasmagorie menaçante parurent. La terre était naguère en fleurs : maintenant, elle semblait gravide. Des aurores boréales tendaient à travers le ciel leurs rideaux électriques.

L'insomnie revenait, et plus les nuits rallongeaient, plus elle le tenait éveillé. Il dut avoir recours à des poudres ou des cachets qui lui brûlaient l'estomac et ne lui accordaient qu'un sommeil blanc, artificiel. La face d'ombre se précisait. Son état ne tarda pas à réunir tous les symptômes des malades, dans les grandes villes, dont il traitait les névroses. Lorsqu'il se regardait le matin, dans son miroir, il y découvrait un visage douloureux et mécontent. Ses yeux étaient las, sa voix devenait atone.

Cette décadence s'étendit aussi à ses rapports avec le petit cercle qui s'était formé à Sandnes et Godenholm, et qui lui avait d'abord paru harmonieux comme l'équipage d'un canot qu'un pilote éprouvé conduit vers le port. Les choses avaient désormais changé de visage. Il trouvait blessant que Schwarzenberg ne se préoccupât guère de ses souffrances. Il cherchait constamment à ramener la conversation sur ce sujet, la grande matière de ses soucis. Que Schwarzenberg négligeât d'en sonder les symptômes avec lui jusqu'en leur tréfonds, en de longues séances, cela lui semblait une erreur de méthode.

Quant à Schwarzenberg, il paraissait attacher fort peu d'importance à l'état de Moltner, pour autant qu'il s'agît des buts vers lesquels ils tendaient, sans s'être d'ailleurs concertés, mais en vertu d'un accord tacite. Moltner avait beau ne pas ménager ses plaintes : Schwarzenberg ne les relevait jamais. Il avait coutume de lui jeter en pâture des sentences générales, par exemple :

« Ce genre d'humeurs surviennent et passent à tout âge de la vie. Il faut vous laisser du temps. »

Parfois aussi, il disait, avec presque la voix d'un exorciste :

« Après tout, vous êtes sain. »

C'était sans doute un appel à la couche de l'esprit que Moltner avait baptisée le revers de la carte. Il disait encore :

« La santé peut être bonne. La maladie peut parfois être meilleure. Les maladies sont des questions posées. Ce sont aussi des tâches à remplir, et même des distinctions. Le fait décisif, c'est la manière dont on les supporte. »

Il semblait même qu'il ne fût pas mécontent des insomnies de Moltner :

« Godenholm n'est pas un sanatorium; c'est un laboratoire. L'excès de fatigue est un symptôme favorable. »

Au fond, Moltner avait déjà souvent subi une telle déception. Il frappait ; la porte semblait s'ouvrir, pour se refermer aussitôt. Il était alors en proie à un sentiment de vide, et même de désespérance : on l'avait dévisagé du dedans, et on lui avait refusé l'entrée.

Il lui était arrivé de semblables mésaventures avec les femmes ; il avait fondé sur mainte rencontre les espoirs les plus hauts. Elles goûtaient sa conversation, et c'étaient les meilleures que sa mélancolie semblait attirer. Les entretiens et les silences se succédaient, tandis que les battants d'armoires secrètes s'écartaient sans bruit.

Puis la figure de son destin apparaissait, paralysant la sympathie. Les femmes se refermaient et s'écartaient de lui. Il avait souvent admiré, parmi les récifs, les anémones de mer, les merveilleuses actinies qui berçaient leurs couronnes dans les remous des courants. Par instants, lorsqu'une ombre ou qu'un contact les frôlait, elles se rétractaient d'un coup et rentraient leurs tentacules dans le rebord de leur calice. Il en restait un moignon rouge et sans bras de chair lisse. C'était là ce qu'il ressentait lors de ses échecs dans le pays magique. Rien n'avait passé qu'un souffle, et pourtant, tout était gâché, et nul effort ne rétablissait l'harmonie — un air de glace était monté, tuant le penchant dans son germe. Il connaissait cette conséquence, et tentait de l'éviter à force de circonspection, mais le destin l'attirait toujours jusqu'à ce même point. Si multiples que fussent les mélodies qui invitaient à la danse, elles ramenaient au moment où tombent les masques. Ce moment avait empreint dans ses traits les cicatrices d'une blessure.

Malgré tout, il ne manquait ni de délicatesse ni d'intuition. Son métier, en lui-même, l'exigeait. Toutefois, son *karma* s'y manifestait aussi : il était fort dans le diagnostic, mais médiocre en thérapeutique, appartenant à ce genre de médecins qui bavardent à l'infini avec des malades soucieux d'éluder la guérison.

Comment se faisait-il que d'autres, d'une étoffe plus grossière, et plus brutaux, fussent les favoris de la Fortune ? Il le constatait chez Ejnar, plus pesant que lui, à coup sûr, et qui ne se laissait pas gâter l'humeur par les doutes. En compensation, il portait sur les êtres et les choses des jugements tranchés. Cette connaissance se répercutait jusqu'à lui comme un écho. Il n'y avait qu'à voir Ulma et le genre de penchant qu'il lui inspirait.

Ces rapports, eux aussi, s'étaient assombris. Tout avait commencé par une camaraderie à trois, qu'il aimait revivre en pensée. Ils avaient trouvé un clair soleil à leur arrivée. Ils passaient les heures méridiennes dans la crique où se baignait Ulma, tout près de Sandnes. La côte était, à cet endroit, de granit luisant et lisse, banc doucement incliné, qui descendait jusque sous les flots. On apercevait, en nageant, le roc nu, où les bernacles luisaient comme de l'os. Les endroits où le roc plongeait soudain dans l'obscurité offraient de bons fonds de pêche. Ils tendaient des filets, nageaient, causaient et réchauffaient sur un feu de bois sec le repas qu'ils avaient emporté.

Moltner se souvenait encore du désarroi qui s'était emparé de lui lorsqu'ils se dévêtirent pour la première fois, et qu'il vit Ulma rejeter tout ce qui la couvrait. Son pays d'origine était non seulement catholique, mais méridional. La vue de la nudité humaine avait pour lui, dans ses tâches de médecin, un aspect de nécessité gênante. En dehors du métier, elle tombait sous le coup d'un interdit héréditaire, et qui venait de loin.

C'est pourquoi ce dévoilement imprévu lui fit l'effet d'une agression subite, qui l'atteignit au vif. Certes, il ne s'était agi que d'un instant, une épreuve qu'il avait subie comme un animal qu'on jette à l'eau, et qui sait tout de suite nager sans l'avoir appris. Ejnar, au contraire, avait à peine pris garde à ce petit incident. En fait, la situation était sans équivoque : elle n'avait rien de commun avec l'exhibition nihiliste de la chair, devenue mode un peu partout. Ulma portait son corps comme un vêtement donné par la Nature.

Ces heures passées au bord de la mer avaient une vertu créatrice. Sans en avoir jamais parlé, ils possédaient un but et étaient résolus à tenter des explorations qui mèneraient par-delà les frontières du temps. Leur chair, en harmonie avec les éléments, devait se transmuer en esprit, l'esprit se réaliser dans la chair. Ils sentaient la vertu de l'eau pénétrer en eux. Lorsqu'ils se tenaient debout dans le vent, des étincelles jaillissaient de leurs cheveux et de leurs mains. La pureté et la liberté vivaient dans les ondes. Elles scintillaient d'une splendeur sans ombres. Pour pénétrer dans ces profondeurs de l'élément, il leur fallait tout d'abord avoir confiance l'un en l'autre et ne rien tolérer de secret entre eux. Ils s'étaient rencontrés comme pour un serment solennel, avant lequel on se dépouille.

Ç'avait été un temps de splendeur ; à peine le soleil plongeait-il pour une heure au-dessous de l'horizon. Les forêts, les pacages et les détroits semblaient rêver sous cette lumière ; ils reposaient sans dissimulation dans l'ancien éclat des mythes. Un mot semblait être assez pour métamorphoser le pays en une scène où le jeu pourrait prendre son cours — mais quel mot et quel jeu ? Ils se rendaient presque chaque jour à Godenholm.

Comment tout avait-il pu si vite s'obscurcir ? Peut-être parce que des questions d'autorité étaient survenues, chose presque inévitable pour des gens de leur origine ? Cela les ramena dans le monde des sens. On le vit bien chez Ejnar ; il conçut des idées qu'on eût pu qualifier de politiques, si elles étaient tombées de quelques degrés plus bas. Non que Schwarzenberg eût exclu la politique de son cercle ; mais l'endroit était mal choisi. Ils vivaient non loin du pôle, là où se resserre le réseau des méridiens. Mais Moltner, lui aussi, avait été pris de l'orgueil des résultats. Il lui semblait qu'ils commençaient ici à saisir du regard l'agencement du jeu, et d'une manière qui leur garantissait un gain immédiat. C'était justement cette pensée qui amoindrissait leurs forces.

La différence entre leurs caractères se dessina, légèrement d'abord, puis cruellement. Moltner croyait aussi s'apercevoir qu'Ulma commençait à manifester quelque faveur à Ejnar. Il se faisait des reproches lorsqu'il voyait la direction que prenaient ses pensées. Car ces petits signes étaient à peine perceptibles, à moins que l'imagination ne les grossît. Mais, ainsi modifiés, ils revenaient agir en lui, dans le jeu qu'il avait peut-être inventé, et qui pourtant se superposait aux rapports visibles. La sympathie n'était plus libre d'arrière-pensées — peut-être pour la seule raison qu'il était lui-même sous leur emprise, et qu'il en était devenu moins digne d'affection. Il sentait qu'il perdait, même sur les falaises, la liberté d'autrefois, la belle assurance. Il ne pouvait plus affronter du regard ce corps qu'il avait tant admiré. Cela le rejeta en lui-même. Il s'isola de la communauté en commençant ses longues courses solitaires, à la lisière des flots, parmi les battements d'aile des mouettes.

Sa souffrance revint, plus vive et plus lancinante. Au moment de s'endormir, il était assailli par le sentiment de son échec. Il lui tombait dessus, lorsqu'il se réveillait en pleine nuit, comme un incube qui lui coupait le souffle et faisait ruisseler sa sueur. L'épreuve approchait, et il n'en sortirait pas vainqueur. Il avait beau se redire qu'il se mouvait parmi des fantasmes tels qu'il en avait souvent trouvé chez ses malades, et dont le déroulement lui était aussi familier que les arrêts d'un chemin de fer. La tension s'aggravait, et le paysage se revêtait de traits fatidiques.

L'une des idées qui s'enracinaient en lui, c'était que Schwarzenberg l'avait attiré en ce lieu pour le démoraliser par ses jongleries. Sa rancune était à la mesure des espérances qu'il avait amenées avec lui. La situation lui semblait, à tous égards, intenable ; il allait repartir pour le Midi par le prochain bateau.

7

Sigrid avait servi le thé. Le samovar était posé sur la tablette de la cheminée, les tasses sur les larges accoudoirs, à côté des chandeliers. Le feu répandait une lueur paisible.

Schwarzenberg fit ouvrir les rideaux. La forme des fenêtres se dessinait, vaguement luisante ; le brouillard était imprégné des lueurs de l'aurore boréale. Ils virent passer un groupe de feux blancs, verts et rouges : c'était un navire qui rasait la côte.

On entendait de la cour les rumeurs d'apprêts. Gaspard débitait du bois en cotrets, puis le jetait à la pelle sous la remise. Le fer grinçait sur le sable. Sigrid balayait l'aire ; on entendait les allées et venues monotones du balai. La porte de la buanderie s'ouvrit et claqua. Le chien de garde raclait le sol de sa chaîne et jappait contre la nuit sans lune. Une inquiétude frôlait la tour.

Le maître de maison était distrait. Il tenait le regard baissé vers le sol et se frottait les mains, comme frileusement. Son visage se crispait : on eût dit des ombres de nuages passant sur une contrée. Des traits saturniens, des crevasses et des cratères s'y montraient par moments. Il semblait faire effort pour trouver ses mots ; il les tirait comme du fond d'un puits. Le baromètre était brusquement descendu ; il allait y avoir de la tempête. Il s'était entretenu avec Ansgar ; celui-ci avait trouvé dans son filet des poissons tels qu'on n'en voit que rarement. Ils avaient dû remonter des grands fonds. Ansgar était le pêcheur qui vivait dans une cabane sur le rivage de l'île, taciturne et solitaire. Schwarzenberg exposait ces détails d'une voix soucieuse, en des phrases entre lesquelles il avait l'air de tendre l'oreille. Les battements et les frôlements du balai, dans la cour, devenaient plus forts.

Ejnar lui-même sentait la présence

d'un principe hostile, et l'idée que son état d'âme avait rapport au temps lui était agréable. Quand l'orage approchait, ce n'étaient pas seulement les poissons qui remontaient des abîmes. Il allait raconter que le bergilt rouge s'était pris à son hameçon, mais Moltner lui coupa aussitôt la parole, sans chercher à dissimuler son humeur maussade.

« De fait, commença-t-il, d'un ton agacé, de fait, monsieur von Schwarzenberg, le climat est insolite, par ici, et même maléfique, à tous points de vue. Je ne veux plus continuer à m'y exposer. Je viens vous dire adieu. »

Schwarzenberg ne parut pas autrement surpris de cette nouvelle. Il demanda :

« Vous voulez repartir ? C'est dommage, car je ne suis point mécontent de votre état. »

Cette réponse ne fit qu'aviver la nervosité de Moltner ; il ne se gêna plus pour transgresser les limites de la politesse.

« Vous êtes satisfait de mon état ? Voilà un optimisme qui me paraît passer les bornes de ce qu'on peut admettre. »

« Je suppose que vous n'êtes pas monté jusqu'ici pour vous reposer. S'il en était ainsi, je vous aurais donné d'autres conseils. »

« Mais je ne suis pas venu non plus pour me ruiner la santé. »

« Si la situation fâcheuse où vous vous débattez commence à vous apparaître, cela ne saurait vous faire de mal — au contraire. »

Il ajouta, en étendant la main pour couper court à la réplique de Moltner :

« Ne savez-vous pas que combattre la fièvre peut être une erreur de traitement ? »

« Que si, mais je sais également pourquoi je pars demain. »

« Justement, vous n'en savez rien. Vous partez comme quelqu'un qui commence à prendre peur — comme quelqu'un qui a frappé à une porte, tend un peu l'oreille et descend l'escalier sur la pointe des pieds, parce qu'il a cru entendre à l'intérieur des bruits qui l'inquiètent. »

Schwarzenberg avait lancé ces paroles d'un ton attristé, mais cordial. Il avait levé le visage pour examiner Moltner, et semblait en même temps prêter l'oreille aux rumeurs du dehors. Ejnar et Ulma, eux aussi, tendaient l'oreille. Moltner sentit qu'on venait de mettre une vérité en lumière, bien qu'il la repoussât. Il se dérobait à elle. Il dit d'une voix lasse :

« Ce ne sont pas des maximes qui peuvent m'aider. »

Son malaise naissant s'aggravait, et il regretta, une fois de plus, de s'être rendu à Godenholm. Schwarzenberg s'accota des deux bras aux accoudoirs et le dévisagea avec une attention croissante. Il dit :

« Ce sont justement des maximes qui peuvent vous aider. C'est la monnaie dont vous payez vos clients, et que vous-même croyez de bon aloi. »

Après un moment de silence, il ajouta :

« Vous tenterez toujours de vous dérober derrière des mots, quand la situation devient sérieuse : d'où vos souffrances. »

Puis encore :

« Mais vous savez que vous souffrez — donc, vous en savez plus. C'est là qu'est le point artésien du jaillissement. »

Ils se turent. Moltner avait l'impression que tout oscillait, comme au début du mal de mer. Il souhaitait maintenant que Schwarzenberg en dît plus, car le silence devenait trop pesant pour lui. Il lui semblait sentir le foyer d'une loupe ramper le long de son corps ; il avait l'impression que les rayons se concentraient sur son diaphragme. Quelque chose s'y agitait — les efforts et les soubresauts d'une bête aux nombreux tentacules qui se débat dans le filet.

Ejnar et Ulma, eux aussi, étaient pâles. L'affairement dans la cour, comme de lutins, les grattements et raclements, les bruits du balai et les martèlements devenaient plus insistants encore. Bien au-dessus du brouillard, un essaim d'oiseaux devait passer, et ses clameurs tombaient de là-haut, plaintes rythmées d'initiés, comme si les déesses prophétiques eussent brassé les ondes de l'air.

Puis ils perçurent une musique. Etait-ce un orchestre, à bord d'un vapeur qui passait parmi les bancs de brume ? Etait-ce un émetteur qui jouait dans la cuisine, un tourne-disques ? Etait-ce une illusion de l'ouïe ? Moltner ne put trancher la question — il songea : « Je suis désorienté. » Ses oreilles étaient devenues sensibles comme un réseau de cordes, qui vibrait avant même qu'on ne le frôlât. Il avait le sentiment d'être interpellé avec force, comme si ces notes s'appliquaient, par quelque connivence, à leur situation, leur réunion en ce lieu, cerné par les flots de la mer et de la brume. C'était une incantation du *Roi des Aulnes.* Les tourbillons l'attiraient à des profondeurs où il perdait pied. Une femme au visage voilé l'y attendait. Elle montrait de son bras tendu un but obscur. Puis vint un martèlement — un pur appel du destin. Il se fondit dans une ronde : l'élément dompté. Mais le martèlement avait été plus profond et plus terrible ; la fusion ne suffisait pas. Ce n'étaient que vagues tournoiements au-dessus des abîmes.

Il gémit. Toujours le retour de la même figure. Il n'en viendrait jamais à bout. Les choses commençaient à se charger de forces et à prendre vie ; elles débordaient des objets sous la forme desquels elles lui étaient apparues, pour se revêtir d'un pouvoir inquisiteur, et même judiciaire. Il pouvait encore le récuser, mais n'avait pas le droit d'entrer dans son jeu : il le sentait bien. Il n'avait surtout pas celui de regarder Schwarzenberg. C'est ainsi que le buveur perçoit la limite jusqu'à laquelle les choses s'associent encore comme à l'accoutumée, bien que le thyrse les ait déjà touchées, et qu'il tremble de franchir. Un verre de plus, et il pénètre dans des empires inconnus, se courbe sous une autre loi.

La mélodie avait perdu son caractère ; elle s'effilochait en vibrations. Il devait exister des monades sonores ; on pouvait les saisir quand le temps traînait et finissait par s'arrêter. Le chien de garde se remit à donner de la voix — plainte basse et funèbre. Dans cet intervalle de temps, une modification avait dû se produire dans toute l'atmosphère. Le hurlement venait de très loin. Il contenait clairement la faim, les menaces, l'aspect macabre du monde. Ce n'était plus une fringale temporelle. Ejnar entendit le grand gémissement éternel, le battement d'ailes du néant. Il prêta l'oreille en songeant : « A quelle distance est-il ? C'est un loup-garou qui rôde à travers des décombres, bien loin au-dehors. » Puis un frisson plus violent le secoua. C'était le loup Fenrir qui élevait la voix ; elle venait de plus loin que de la Lune, de Sirius. La voie lactée n'était que la bave qui ruisselait de sa gueule ; la terre vomissait ses entrailles. Une mesure de terreur se révélait, cachée dans le temps le plus bref, la distance la plus courte. Les choses s'avançaient jusqu'à le toucher. Il sentit qu'un rideau s'ouvrait sur un théâtre, où tout pouvait se produire. Il chercha à tâtons la main d'Ulma, posée près de lui sur l'accoudoir.

8

Schwarzenberg tenait toujours le regard fixé sur Moltner, qui donnait le spectacle du désarroi. Sa physionomie était tombée comme un masque, effacée. Il était étrange de voir quelle brutalité s'étalait sur ce visage si fin et si intelligent. Le monde des roches crevait l'humus ; le magma des laves faisait irruption dans les vignobles. Cependant, un sourire s'épanouissait, de plus en plus clair, sur les traits de Schwarzenberg. Il faisait songer à une lampe, dont la lumière, se renforçant lentement, semble atteindre la limite du supportable.

Ils avaient l'impression d'avoir laissé s'écouler un temps infini. Les bruits du dehors la contredisaient : car on continuait à balayer l'aire. Il n'avait pu passer qu'un bref intervalle, durant lequel ils avaient entendu quelques mesures de musique, les cris d'un vol d'oies cendrées, les aboiements d'un chien. Rien ne s'était produit qu'un arrêt de la conversation, et Schwarzenberg reprit sa dernière remarque, mais, cette fois, sous la forme d'une question :

« Vous en savez plus, n'est-il pas vrai ? »

Tous se sentirent apostrophés, bien que la question s'adressât à Moltner. Elle le frappa comme le coup d'une arme dont il avait ignoré l'existence. Ce choc n'était comparable qu'à celui d'un attentat à la fois brutal et obscène, mais il l'atteignit plus profondément, car il lui semblait qu'on lui arrachait, non seulement des vêtements, mais aussi des lambeaux de peau — de cette surface qu'il s'imaginait indissolublement liée à lui.

Il était épuisé, déchiré et gisait maintenant, livré à la discrétion du néant, après une rencontre qu'il avait provoquée, mais sans avoir pu lui tenir tête. Il était effondré dans sa stalle, les bras pendants, comme captif au bout d'un hameçon.

Les grattements et les martèlements du dehors prenaient maintenant un accent d'infinie tristesse. Ulma et Ejnar, eux aussi, discernaient cette signification. Ulma s'imaginait prisonnière d'une grotte, bien au-dessous du sol fertile, de vastes salles où traînaient des gémissements. Par intervalles, des gouttes tombaient dans des vasques invisibles, en tirant des résonances d'une extrême pureté, un écho qui vibrait dans le cristal de roche. C'était là le royaume des larmes ; jamais elle ne remonterait hors de ce monde de tristesse.

Le froid s'accrut dans la pièce, et avec lui le sentiment de la distance vide, du règne de la mort sur l'Univers, où étaient compris votre propre anéantissement, votre propre passage au nombre des morts. Ils avaient peur d'échanger un regard, car déjà les stigmates de la décomposition, sur les visages, ne se pouvaient plus dissimuler. Comme ils auraient aimé ensevelir dans le silence, étouffer sous le bruit des mots, masquer de grimaces ce qui s'annonçait maintenant !

Maintenant aussi, on ne pouvait plus se tromper sur ce qui se passait au-dehors. Ils entendaient le fossoyeur gratter le sol, les croque-morts déposer la civière. Il leur était désormais impossible de le dissimuler et de le mettre en doute. Voici qu'approchait ce qu'on fuit toujours, ce qu'on fuit chez ceux-là même qui vous sont le plus chers, liés à vous du lien le plus étroit, d'une présence familière. C'était le grand secret, le mystère infâme de ce monde, scabreux et redoutable. Ils voyaient venir ce que des êtres sans nombre savaient et dissimulaient dans leurs réduits, où l'ombre croît à chaque instant. C'était l'écharde plantée dans la chair, et cette seule forme de la honte était la mère de toutes les autres.

9

Peu à peu, les sons devinrent plus discrets, moins inexorables. Les martèlements cessèrent. Le balai donna encore quelques derniers coups, les grattements s'atténuèrent, prirent fin. L'aire était préparée, la tombe creusée, le travail achevé. Les ouvriers déposaient leurs outils.

Quel bien-être ! Une paix complète régnait dans la tour. Mais cette paix n'était plus vide, ne laissait plus entrer la grande, la terrible distance. Elle était fermée sur elle-même, et bien remplie. Les bougies avaient un rayonnement plus doux, plus doré. Gloire d'une fin de journée ? Lumière nouvelle ? Certitude que tout déclin est en même temps un lever d'astre ?

Le calme était pareil à celui d'un lieu hors du monde, une cellule taillée dans les parois rocheuses d'une planète inconnue. Ici, l'on pouvait se sentir en sûreté.

Schwarzenberg n'avait pas lâché Moltner du regard. Il répéta sa question, en se penchant vers lui :

« N'est-ce pas, vous en savez plus ? »

Et de nouveau, tous se sentirent compris dans cette interrogation. Cette fois, la voix avait un accent d'exhortation, d'encouragement. Moltner osa enfin porter les yeux sur lui. Son sourire était toujours terrible — ou « terrible » n'était peut-être pas le mot juste ? Il lui semblait avoir devant lui un grand cacique, ou le capitaine d'un navire sorti de l'ultime port connu des hommes. L'ancienne autorité subsistait ici. On aurait plutôt douté d'une montagne que de ce regard.

Tout était désormais possible. Pourtant, ce sourire fixe gardait quelque chose de familier, se consumant en quelque sorte sans rien perdre de sa substance. Moltner ressentait toujours la même crainte ancienne que s'il pénétrait dans la forêt réservée au prince. En même temps, des forces nouvelles, et néanmoins connues depuis toujours, s'élevaient en lui. Il se sentait, en ce sens, initié à un savoir, à une conjuration. Un tiers principe avait dû pénétrer dans la pièce. Sans qu'il s'en doutât, un sourire lui monta aux lèvres, réponse malicieuse.

Cette même gaieté brillait maintenant en eux tous, réfléchie comme par des miroirs. Elle gagnait même les objets. Le visage d'Ejnar ressemblait à un masque éclairé par les reflets dansants d'écus et d'armes blanches. Ulma souriait, elle aussi. Elle avait rougi et gardait la tête baissée.

La lumière se mit à pétiller ; un fil de fumée bleue s'élevait du bord des chandeliers. Moltner l'examina d'abord avec surprise, puis avec ravissement, comme si ses yeux avaient été doués d'un pouvoir nouveau. Il lui révélait les jeux de cette fumée à l'odeur de miel, qui montait comme une tige frêle et se ramifiait ensuite en délicates frondaisons. On eût dit qu'elle était née de son imagination — lys de mer, pâles fantômes, dans des profondeurs que le ressac faisait à peine vibrer. Le *temps* agissait dans ces formes — il les avait ornées de cannelures, de torsades et d'anneaux, comme si des monnaies imaginaires se fussent empilées rapidement. La multiplicité de l'*espace* se dévoilait dans les veinures, les nervures qui, affluant, se contournaient en fils et, plus haut, s'étalaient.

Un filet d'air frôla la vision et la fit souplement virevolter autour de son axe, comme une danseuse. Moltner poussa un cri de surprise. Les rayons et les croisillons de la fleur merveilleuse basculaient en direction de plans nouveaux, de champs nouveaux. Des molécules se pliaient par myriades à l'harmonie. Ici, les lois n'étaient plus à l'œuvre sous le voile du phénomène ; la matière était si éthérée qu'elle les mirait à découvert. Quelle simplicité, quelle contrainte pour les sens en tout ceci ! Les nombres, les mesures et les poids sortaient de la masse. Ils rejetaient leurs vêtements. Nulle déesse ne pouvait se faire connaître plus audacieusement ni plus librement par l'initié. Les pyramides, avec toute leur pesanteur, n'atteignaient pas le niveau de cette révélation. C'était une splendeur pythagoricienne.

La colonne bleue dansait sur ses pieds légers — comment se pouvait-il que chaque torsion fût à la fois un soulagement et contînt un risque aussi inouï ? Ce pouvoir était tout spirituel, et pourtant identique à celui qui régissait les mers et les monts, ondoyant et amoncelant, et faisait tournoyer les nébuleuses des espaces infinis. Comment se pouvait-il qu'affranchi de ses servitudes, il se montrât à nu ici ? Il fallait, pour le saisir, la réponse d'un regard auquel s'ouvraient des contrées telles que d'habitude la musique seule y pénètre — une zone exempte de pesanteur, entre la réalité des sens et celle de l'esprit. On découvrait en ce lieu, dans le rythme des figures changeantes, ce qui touche le savant, lorsqu'il dépasse les frontières de son domaine, comme un frôlement d'aile au bord de l'abîme. Mais le spectacle était plus beau. Et plus serein.

Nul ne l'avait jamais ému à ce point. Il sentait, comme si un carcan se brisait dans son cœur, que quelque chose en lui se libérait, l'affranchissait de son être propre. Il n'avait jamais connu le bonheur.

En même temps, dans l'ombre de cette lumière, la peur se nichait en lui. Il n'osait détourner le regard vers les recoins où s'esquissaient des mouvements. Et la lumière gagnait encore en intensité. Les chandeliers commençaient déjà à étinceler ; ils se changeaient en joyaux.

De pesantes masses d'eau s'abattirent

tout d'un coup. Il se sentit soulevé par une vague dans laquelle il perdait pied. Elle le culbutait ; il fallait qu'il résistât à sa pression. Le tourbillon lui fit perdre conscience, le temps d'un unique déferlement, puis l'élément nouveau le porta.

Une onde délicieuse s'enflait à perte de vue. Elle était encore argentée, écumante de légions de perles menues, puis elle s'étendit majestueusement, comme de la fumée dans un air immobile. Un battement d'aile, un tintement de cloche l'eussent fait disparaître.

L'œil pénétrait à de grandes profondeurs, mais sans parvenir jusqu'au fond. Une ancre d'acier passa lentement à la dérive. Une bête pour laquelle l'horreur cherchait en vain des noms y était attachée. Elle fut suivie d'un squale à la peau d'un bleu ardoisé. L'idole était épouvantable, taillée par la volonté pure, la fringale tendue, brutalement dénudée. La gueule et le museau étaient colossaux, les yeux minuscules, les dents des herses de pointes de flèche. Son allure était puissante, silencieuse, presque sans un battement de nageoires. Malgré tant d'effroi, l'œil saisissait des formes d'une élégance primitive.

Le monstre bascula soudain, dans un

éclair de ses mâchoires étincelantes. Ce soubresaut découvrit les poissons-pilotes qui s'étaient cachés sous ses nageoires : deux maquereaux superbes, aux écailles d'un gris argent, barré de cinq bandes de l'azur le plus tendre et le plus profond. Ils s'attachaient à la puissance, canaille colorée, principe plus subtil, mais subalterne, parasites des grandes ripailles où les déchets ne manquent pas. Ils divertissaient les regards de cette image des premiers âges.

De même qu'un cristal, une fois qu'il a pris, impose sa structure à de vastes surfaces, des myriades de poissons montaient maintenant des profondeurs. Solitaires, par couples, en grands et petits essaims, en processions interminables, ils peuplaient les flots. Bien que leurs nageoires dorsales fendissent le miroir de la mer, il gardait son poli sans fêlure, comme si c'étaient des formes tissées d'air qui s'entrepénétraient.

Le fait qui restait déconcertant, c'était que ce spectacle commençait en un certain point, et s'étalait aussitôt à perte de vue. La corne d'abondance s'était déversée. Lumière, couleurs et formes rayonnaient en se ramifiant à partir d'explosions qu'on attendait voluptueusement.

Moltner prenait conscience, dans cette vision, d'une souveraineté ; il était le seigneur de cette fête, celui à qui tout ce déploiement se dédiait. Il était debout, légèrement penché, au bord de la falaise, les bras grands ouverts. La fraîcheur s'élevait. Les ondes passaient et repassaient tout près de lui, dans les opalisations de la vie, qui tantôt le faisaient sourire et tantôt se figer, comme les enfants lorsqu'ils voient des jouets. Le carnaval glissait devant ses yeux, interminable, avec des masques, des lanternes, des déguisements. Des parades l'interrompaient ; aux accents de fanfares de toute sorte, les formations se suivaient sous leurs cuirasses d'écailles, dans leurs uniformes rutilants.

En tête du cortège venaient les formes biscornues, montées des grottes sous-marines et des parterres corallins, les hippocampes et les monstres pélagiques des forêts des Sargasses, les avortons des abîmes. Suivait un bataillon ruisselant de splendeur bariolée, sous la conduite du ptéroïs, qui voletait de ses nageoires raides comme un oiseau bat des ailes. Les essaims de joyaux scintillants qui peuplent les golfes brûlants et les récifs tropicaux traînaient derrière eux un solitaire des mers islandaises : le saumon-lune, disque d'un bleu d'acier, propulsé et guidé par sept nageoires, d'un rouge de corail.

Tout ce pêle-mêle se réduisit à un motif peint sur des tentures, lorsque surgirent des êtres unicolores, en lesquels s'unissaient l'éclat de l'émail et le rythme. Leurs nageoires étaient des cimeterres, des traînes de danseuses, les rayons de feux brûlants au-delà du monde exploré. Une merveille passa, relevant et étalant avec nonchalance un voile subtil. Les ourlets se teignirent de pourpre, lorsqu'il les serra, et s'apâlirent en s'épanouissant. On pressentait qu'on pourrait aimer, rêver, et même penser comme ce poisson. Les distinctions entre les monades fondaient.

Moltner se perdit entièrement dans cette épiphanie : il se sentait atteint jusqu'au fond de lui-même. Il lui apparaissait que ce n'était plus là un spectacle de la nature. Ce n'était plus de l'eau, ce n'étaient plus des poissons.

Ou peut-être le sens véritable du poisson et de l'eau était-il, jusqu'à présent, pour lui, recouvert d'un voile ? Ces formes semblaient de la fumée, la brume la plus impalpable d'une substance rayonnante. Etait-ce la nature propre des genres et des espèces qui se mouvait ici, paradant en mesure avec l'hymne de la vie, qui inondait l'éther ? Etait-ce, en eux, le principe indestructible, l'étincelle qui bondissait, à travers la chaîne des générations, du père au fils ? Ici, la chaîne tombait, et les sens pressentaient une splendeur étrangère au temps. On n'eût pu dire si c'étaient des mélodies qui se mouvaient, ou des lumières ; incroyablement fraîche, pleine d'innocence, l'onde se gonflait.

C'étaient des forces telles que même le plus léger des danseurs, la plus alerte des hirondelles ne les laissent entrevoir que comme à travers une pâte informe. Le puits était proche, et Moltner devinait qu'une coupe, et même une goutte de son eau recélait l'éternelle jeunesse. Il tendit les mains, comme celui qui, au sein du désert, rencontre soudain une source jaillissante.

10

Maintenant, les bruits avaient tous disparu. Le vieux Serpent s'était mis à couler, et s'enfuyait en silence. Ils n'étaient plus dans le temps morcelé. L'aiguille de l'horloge glissait. Elle n'avançait plus par saccades. Ejnar et Ulma avaient dressé la tête, comme pour mieux entendre une chanson. Moltner s'était relevé, et ses mains restaient étendues. Ce fut alors qu'il perçut la voix de Schwarzenberg ; elle tranchait dans les images. Son accent l'effraya, comme si on criait son nom tandis qu'il errait, somnambule, lui ravissant la sûreté de ses pas. Elle répéta, avec une douceur insistante :

« Vous en savez *plus,* n'est-ce pas ? »

Ejnar et Ulma, eux aussi, sentirent que ces mots s'adressaient à eux : ils mettaient fin à l'atmosphère. Ils effaçaient ce qui avait paru au tableau, vidaient les hiéroglyphes de leur magnétisme. Schwarzenberg les regarda d'un air triste et douloureux. Il se frotta de nouveau les mains comme s'il avait froid.

L'inquiétude se remit à croître. Ils entendaient le rythme d'un pesant ressac, qui battait les falaises. La tempête sifflait autour de la maison. Elle emportait des flocons d'embrun. La tourmente qui était dans l'air avait dû maintenant éclater. Ils ne s'en étaient pas aperçus.

Le temps n'était pas seul à sembler dangereux — les bruits furtifs, eux aussi, s'emplissaient de menaces. Le crépitement des branches de genévrier tonnait dans la cheminée comme une suite d'explosions. Même les langues de flamme, sur les bougies, poussaient un sifflement tel que celui d'étincelles courant le long de mèches de mineur.

Des souffrances nouvelles et plus poignantes sillonnèrent le visage de Schwarzenberg, comme s'il luttait contre les hurlements et les huées de la tempête venue du sud, contre la meute féroce, toute proche maintenant. La porte s'ouvrit soudain, comme impuissante à résister encore aux coups violents. On aperçut

Erdmuthe et Gaspard ; ils restaient debout dans l'entrée. L'aide de cuisine se tenait derrière eux, et regardait par-dessus l'épaule d'Erdmuthe. Le chien de garde avait rompu son attache et se faufila entre leurs genoux. Il traînait sa chaîne derrière lui. Ils se pressaient comme des fantômes qui flairent, attendant qu'on leur verse le sang. Leurs visages avaient l'air de masques en bois, mais terrifiants. Ejnar fut pris de panique, ne sachant pas que la même lueur figeait ses traits.

Derechef, Moltner vit apparaître sur le visage de Schwarzenberg la vive lumière qui lui fit fermer les yeux. Et, de nouveau, la vague le souleva. Mais, cette fois-ci, ce n'était plus de l'eau qui se répandait en torrents autour de lui. Des scintillements dorés l'emportaient jusqu'à des hauteurs lointaines. Il y régnait un grand silence, comme dans des jardins ou des îles situés hors du temps. Etait-ce le bonheur qui pénétrait ces contrées de lumières aussi chaudes ? Ou était-ce une assurance parfaite et royale ? Il avait découvert ici son domaine héréditaire, son bien propre.

Il se tenait dans la cour intérieure d'un château baigné d'un éclat d'or pur. L'espace nu était bordé de bâtiments en or massif, de temples, de resserres aux trésors, de harems, d'étables pour les éléphants. La lumière était si crue qu'elle dévorait les formes des paons perchés sur les terrasses. Ils fondaient sous son ardeur. Des joyaux en tombaient, goutte à goutte.

Nul souffle d'air, nul mouvement ne troublaient l'immobilité épandue en ce lieu. On était loin du bercement des océans, des pétillements du monde igné. Ici régnait, transmuant le monde en or, la paix, régnait l'opulence. Elle rayonnait, sans que la substance en fût diminuée. Elle s'accroissait, au contraire, en se prodiguant, et merveilleuse était sa souveraineté dans la fécondation. Une si grande lumière était encore revêtue de déguisements ; sinon, elle eût anéanti, et tout réduit en vapeurs. Elle prenait le temps pour voile.

Mais pourquoi l'air était-il si léger dans cette cour, où tout dénotait une extrême pesanteur ? Ici, ni les poids ni les mesures n'étaient plus un destin. Une fois admis dans l'intérieur du palais, on n'était plus un sujet. Ici régnait la puissance immobile, et toute force n'avait de signification que par l'investiture de cette splendeur.

Ainsi, la lumière n'avait d'autre éclat que celui d'un reflet tombé dans le temps.

Moltner sentit qu'il avait reçu une part d'une grande image, et ce don le combla. Qu'il était loin de tout ce qui lui avait pesé ! Comment avait-il pu douter de l'efficace de forces telles qu'on les avait contemplées depuis l'aube des âges ? Elles étaient voilées de lumière, et lorsqu'on vous permettait d'en approcher, un rayon tombé de ces resserres anéantissait les spectres du monde des brouillards.

C'était l'ancien soleil qui se concentrait en vue de dons nouveaux. Lorsqu'on l'appelait, de temps à autre, dieu ou déesse, ce n'était là qu'une parure éphémère à son front. Il brillait aux trônes des pharaons, sur les pyramides, sur le palais de Montezuma. L'encens s'élevait en volutes autour de taureaux d'or, les cobras balançaient leurs capuchons de lumière. Les tigres ronronnaient, les paons déployaient leur roue. Ici régnaient la paix, le grand Midi, la puissance immobile. Rien qu'une ondulation légère, comme si les murs se transmuaient d'or en lumière, puis à nouveau en or. Mais elle n'était pas liée à quelque changement : l'être et l'essence se connaissaient dans l'identité suprême.

II

Moltner était assis tout droit ; ses traits s'étaient transfigurés. La tension qui les avait convulsés était absente. Il avait aussi perdu la raideur onirique, la fascination provoquées en lui par le bercement du monde aquatique. Il se sentait entouré par quelque chose de solennel. Il se trouvait encore dans la cour intérieure.

Schwarzenberg le regardait d'un air triste, mais en même temps cordial, avec les yeux de qui connaît aussi l'initiation. Il semblait prêt à soulever un troisième rideau, mais Moltner recula. Il était semblable à un vase qui déborde. Il ne savait s'il s'était écoulé des moments ou des heures, mais en tout cas un temps soustrait aux mesures. La porte était fermée ; les gens de la maison avaient dû retourner à leur travail. Il aperçut, très loin, Ejnar et Ulma, comme sur une miniature.

Il se sentait heureux, bien qu'épuisé. Il lui semblait merveilleux d'être ainsi ensemble, assis dans une île, au milieu des ondes. Les mots dévoilaient un sens nouveau, plus lourd de réalité ; il n'eût pu dire ce qui était lointain, ce qui était proche. Les autres étaient séparés de lui par une grande distance, et néanmoins plus nettement dessinés qu'il ne les avait jamais vus ; l'éloignement et la proximité devaient se compléter et s'exalter mutuellement, de même que l'homme et la femme, dans l'étreinte, se complètent et se donnent l'un à l'autre une stature plus haute.

Mais il n'en était pas moins brisé, déchiré, sa forme détruite. Il était un puits dont le sceau avait été rompu. Il n'avait pas connu sa profondeur. La pensée de risquer une troisième sortie, la perspective de contempler un flot plus gonflé encore par la fécondité, une lumière encore plus vive, l'effrayèrent. Les cordes vibraient toujours en lui : il fallait les laisser revenir au silence. Il ressentit le besoin de s'étendre et de méditer dans une lumière voilée, la nostalgie de mélodies qui, comme lors de la bacchanale d'Alexandre, marieraient l'esprit à la splendeur, de la musique de Hændel, qui tombait d'estrades cachées dans des cathédrales nues d'ornements. Ce serait pour lui un baume.

Il étendit les bras, comme pour se défendre. Schwarzenberg lui lança un regard interrogateur. Le touchant de la main, en ami, il dit :

« Vous avez raison — nous n'irons pas plus loin. »

12

Pour Ejnar, tout s'était déroulé différemment — avec plus de violence, mais sans de tels bouleversements. Sa vie était moins abstraite que celle de Moltner — les origines paysannes, la terre étaient encore proches de lui, malgré toute sa science. Certes, le sauvage a plus de brutalité dans son ivresse : et, pourtant, il reste plus fidèle à lui-même. Il ne tombe pas aussi bas. Ainsi en était-il d'Ejnar ; il sortait de sa personne, pour trouver un paysage qui ne lui parut pas insolite.

Il connaissait les rêves ardents, connaissait le sacrifice, le service de l'idée, qui rend intrépide, et même féroce. Il connaissait l'ivresse des marches sans fin et l'abnégation des champs de bataille. A cet égard, il était plus parent de Gaspard que de Moltner. L'approche de la mort l'attirait, et aussi les œuvres qui croissent mystérieusement, parce que bien des hommes ont donné leur vie pour elles. Il ne souffrait pas non plus, comme le faisait Moltner, de voir disparaître le merveilleux, et la personne dépouillée de sa richesse et de sa diversité. Il aimait la douleur, indice suprême de la réalité. La souffrance ne le poussait pas à la maladie ; il préférait la catastrophe. En elle encore, il avait salué l'avènement du risque auquel Moltner s'était dérobé.

Ejnar semblait constamment dans l'attente d'une mission ; il était toujours prêt à servir. Il ne pouvait concevoir que la nécessité de grandes idées, auxquelles il répondait en dressant des systèmes. Pour lui, l'authentique se trouvait au début, dans des passés lointains, tandis que Moltner supposait qu'il fallait le chercher dans l'avenir. Le destin de l'Empire l'avait profondément atteint ; comme beaucoup de jeunes gens, il croyait que le déclin était déjà prophétisé, et que seul un bref répit interviendrait encore avant l'accomplissement de l'oracle. Il souffrait de la défaite comme d'une blessure qui ne parvient pas à se cicatriser. Quant à la faim et au froid qui l'avaient suivie, il semblait à peine en avoir conscience, ni du mépris qui se déverse, fleuve de boue, sur les vaincus. Il était trop affermi dans ses jugements pour y être sensible. Son deuil était celui d'un guerrier dont la tribu a été décimée et dont l'ennemi souille les tombeaux.

Non moins que Moltner, il avait perçu l'horreur qui venait de traverser la pièce. Ulma, elle aussi, à côté de lui, avait frémi. Ils étaient assis, la main dans la main, quand la chasse fantôme passa au-dehors. Le temps resta d'abord présent en eux, puis sa maîtrise s'abolit. Les choses se libérèrent. Elles se rassemblèrent autour d'eux, interrogatrices et justicières. Des visions survinrent.

Maintenant, c'était Ulma qui l'avait pris par la main. Elle le menait vers le sommet d'une montagne. Il vit les étoiles qui brillaient au-dessus de son dôme. Ulma semblait se reconnaître sans peine dans la nuit ; il suivit ses pas. Bientôt, ils se trouvèrent au sommet, semblable au cimier d'un casque. Tout au loin, une vague lueur verte traînait encore, reflet du jour disparu. La colline, en ce moment, était clairement visible ; des rougeoiements s'élevaient de son sein. Ses yeux s'étaient faits à l'obscurité.

Ejnar distingua qu'il se tenait sur l'un des grands tertres funéraires qu'il avait souvent éventrés et fouillés avec ses troupes de terrassiers. Il apercevait les fossés défensifs. Ils luisaient en un réseau d'argent.

Il connaissait ces grands remparts circulaires. Le peuple les croyait dressés par les géants. Ils avaient dû être érigés pour servir à la fois de sanctuaires, de tombes pour les ancêtres et de citadelles, bien avant les temps explorés. Les légendes qui parlaient de trésors, de monts et de princes rôdaient encore autour de leur site. Mais les noms de ceux dont on ramenait au jour les armes de bronze, les parures d'or et d'ambre, avaient sombré dans l'oubli.

Ils descendirent jusqu'au creux du fossé, sous le rempart, qui, comme jadis, tranchait vigoureusement la plaine. Le fond était obscur ; Ejnar sentit que quelque chose l'y touchait.

13

Comme bien souvent déjà, les jours de fête et de congé, il entra par la porte de la maison paternelle. Il n'y venait que pour une brève visite. Le jour commençait à peine ; il lui fallait réveiller ses parents. Ils partageaient de nouveau la même chambre, comme ils l'avaient fait en leur jeunesse.

Tous ensuite, assis de compagnie à la table servie, prirent leur déjeuner. Tous les gestes, tous les propos, tous les joyeux devis lui étaient familiers. C'était le retour d'innombrables heures matinales qu'ils avaient passées de cette même manière.

Sa mère se retira dans la cuisine, tandis que son père discutait avec lui des choses d'autrefois. Ils s'approchèrent de la fenêtre et jetèrent un regard sur la mer. Bien que le temps fût calme, la houle était forte, et Ejnar demanda à son père s'il avait jamais vu de vagues aussi hautes. Des flocons d'écume s'écrasaient contre le rebord de la fenêtre. Le père fit un pas en arrière et dit :

« Nous avons gros temps. C'est la grande marée. Ta mère devrait décrocher sa lessive. »

Ils revinrent aux histoires de jadis. Les heures s'envolaient vite dans cette maison, bien que les pendules fussent arrêtées. Avant qu'il n'y eût pris garde, le moment du départ survint. Il se rendit dans la cuisine pour faire ses adieux à sa mère. Le feu brûlait dans l'âtre. Il en montait des lueurs rougeâtres.

« Je viens te dire au revoir, maman. Je suis heureux d'avoir vu papa en si bonne santé. Il m'a paru changé. »

Sa mère le regarda comme si elle n'en croyait pas ses oreilles. Elle lui demanda :

« Ton père, dis-tu ? Qu'est-ce que cela veut dire, mon petit ? »

« Que veux-tu que cela signifie, puisque nous avons passé la matinée ensemble ? »

Les traits de sa mère se pétrifièrent.

Elle le dévisageait, comme si elle guettait en lui quelque chose d'inconnu. Une connivence terrible s'étalait entre eux. Le reflet des flammes dansait plus violemment sur le mur blanc.

« Mais voyons, mon enfant, réfléchis un peu. Toi et moi, nous sommes restés seuls toute cette journée. »

Il voulut la contredire ; ce n'était pas possible. Elle répliqua :

« Voilà bien des années que ton père est mort. »

Ils échangèrent un nouveau regard. Il lui sembla qu'un second corps se détachait du sien. Des étincelles craquetèrent autour de lui, tout doucement, comme jaillies de morceaux d'ambre. C'était juste ; on avait enterré son père, il y avait bien longtemps déjà — il était inconcevable qu'il eût été si proche, si présent. Il sentait maintenant ces pétillements d'ambre sur tout son corps ; ils tissaient autour de lui comme une peau.

Il avait dû faire peur à sa mère. Il allait la serrer dans ses bras, mais une force l'en retint. Cette cuisine avait quelque chose d'inquiétant. Puis il restait un autre point qu'il avait oublié, une circonstance d'une extrême gravité. Il tenta de s'en souvenir — et, soudain, elle lui revint à l'esprit : il avait oublié que sa mère était morte, elle aussi, et depuis longtemps couchée dans la tombe à côté de son père.

Mais si c'était un songe — qu'était-ce alors que la réalité ? Une rencontre dans la nuit où les dés sont jetés, une vision du destin. Il ne ressentait nulle crainte. Il faisait très froid et, en même temps, tout bouillonnait autour de lui, comme de l'air liquide. Et ce n'étaient pas seulement ses parents, mais ses aïeux qu'il sentait proches, dans ces fossés, au pied de la muraille. L'une de leurs grandes nuits était venue — une fête des morts. Ils sortaient à flots pressés du creux de la montagne.

L'horizon s'était éclairci ; la nuit était traversée, tout autour de lui, de lueurs vacillantes. Une vive inquiétude régnait. Etaient-ce des chariots, du bétail et des chevaux qu'il entrevoyait dans ces lueurs mouvantes, étaient-ce des machines de fer, ou des objets dont la nature lui était entièrement inconnue ? Le vent sifflait par-dessus les vastes plaines. Les incendies flamboyaient. On entendait au loin les hurlements des loups. Le vent glacé soufflait du pays des loups. Il faisait cliqueter les herbes au bord du fossé.

Partout régnait le désespoir qui revient sans cesse sur terre. Le sol était poussière, théâtre de la fin du monde et de ses épouvantes ; il avait soif du sang des sacrifices. Les hordes se rapprochaient et rôdaient autour de l'enceinte ; par endroits, elles pénétraient déjà dans le fossé. Les flammes bondissaient jusqu'à la voûte céleste ; châteaux et villes, récoltes et plaines fertiles étaient dévorés par leurs tourbillons. Les tilleuls, près des fontaines, s'embrasaient ; les bois sacrés de chênes, où le gui attendait la faucille d'or, flambaient comme des torches à travers la nuit.

Puis, à un bruit nouveau, on comprit que ces loups n'étaient que des rabatteurs ; leurs hurlements annonçaient l'approche du maître gris de la tribu, visible tout d'un coup derrière ses meutes, de même que le destin se découvrait dans la mer de flammes. Les chaînes se rompirent, les loups se répandirent en liberté. C'étaient les flamboiements qu'on apercevait en de telles nuits, annonciatrices des grands embrasements, d'Islande aux routes du Nord, des châteaux de Westphalie aux donjons dont l'aigle du Tyrol cerne de son vol les poivrières.

De loin, il entendit Schwarzenberg dire à Moltner :

« Vous en savez plus, n'est-ce pas ? »

Il les aperçut, assis là-bas, séparés de lui par des distances plus vastes que les pays et les mers, et pourtant saisis, durant une brève seconde, comme à travers un télescope. Puis le rêve prophétique le reprit.

Les flammes touchaient maintenant au firmament. Elles révélaient l'impasse de la destinée humaine, le naufrage. Mais, fait étrange, le spectacle semblait se métamorphoser, au moment où l'esprit l'admettait et renonçait à lui échapper, à s'enfuir. Ne semblait-il pas que le feu se teignait, non seulement des rougeurs des grands embrasements, mais aussi des clartés, des signes avant-coureurs d'une lumière nouvelle ? Et des accents d'autre nature ne se mêlaient-ils pas aux sifflements et aux hurlements de l'ère des loups et des vents ?

Il sentait toujours alentour de lui ces pétillements qui l'avaient assailli et tiré insensiblement hors de son corps. Mais l'effroi ne tissait-il pas en même temps un vêtement invulnérable ? Un pressentiment revivait en lui, la certitude que les flammes ne pouvaient rien lui faire. Il leva la tête, encore incertain, tendit l'oreille vers le tumulte. Certes : d'autres thèmes, familiers, commençaient à s'y mêler. N'était-ce pas un chant de triomphe qui s'élevait ainsi, comme si s'ouvraient lentement les noirs battants d'une porte dont sortait son image, sa forme intemporelle ? Elle avait été éprouvée par les remous du temps, lavée dans l'assiette des chercheurs d'or.

Le rayonnement devint plus paisible, et d'un or plus pur. De toutes les collines montaient des appels, comme des hymnes. Lorsque, après la révolte des éléments où bâillent les gouffres, la paix s'élève, les oreilles ne peuvent croire à cette métamorphose. Les ouragans y laissent un écho, comme une vibration de harpe.

Après de telles tempêtes, les hommes s'interrogent du regard, comme si chacun d'eux voulait lire au visage de l'autre qu'il peut se fier à ses sens, qu'il a touché la rive. Ce fut ainsi qu'Ejnar contempla Ulma. Ils étaient toujours au fond du fossé, et on ne pouvait dire encore ce qui s'y défiait et s'y heurtait. La jeune fille était captive d'une vision : elle le regardait sans le voir. Elle se penchait en avant, comme une figure de proue ou quelqu'un qui marche contre la tempête.

Il vit, aux cheveux d'Ulma, qu'elle était au cœur de remous violents. Un fait, dont il ne prit conscience que plus tard, le troubla : ces cheveux étaient d'or, alors qu'il ne les avait jamais vus que sombres. Et leur rayonnement croissait toujours.

Il lui sembla que les frôlements, les pétillements prenaient de la force ; ils s'enflaient en tempête. Il eut l'impression de devoir détourner les yeux de la lumière, et, pourtant, elle n'avait rien d'aveuglant. Elle parvenait à travers une zone interdite à la vie — comme si la terre s'était muée en une coulée de métal ardent, et celle-ci en pur éclat. Y voyait-on se fondre ce qui, d'habitude, séparait la vie de la vie — ou les substances séparées se dépassaient-elles dans ce mystère ? Sur toutes les montagnes, on voyait maintenant flamboyer les boucliers, se parfaire les harmonies, s'étendre la paix éternelle.

Oui — il comprenait ce qui s'enseignait ici. On verrait toujours revenir le moment où l'Un s'élèverait au-dessus des séparations pour se revêtir de splendeur. Ce secret était indicible : mais tous les mystères rituels l'ébauchaient et parlaient de lui, rien que de lui. Les voies de l'histoire et ses ruses, qui semblaient si tortueuses, menaient à cette vérité. S'en rapprochait toute vie humaine, chaque jour, à chaque pas. Cette unité était seule le sujet de tous les arts, et assignait son rang à chaque pensée. C'était là le triomphe qui couronnait *tous* les êtres et arrachait à la défaite son aiguillon. Le grain de poussière, le ver, l'assassin y prenaient part. Il n'y avait rien de mort dans cette lumière, ni aucune ténèbre.

Un silence, une paix sans défaut étaient descendus sur le palais. La Mère des origines y avait fait son entrée. Frigga était présente. Mais qu'elle avait rajeuni, ruisselante de rosée où se jouaient les feux de l'arc-en-ciel, rayonnante comme le serpent de Midgard après la fin du monde ! Ce ne pouvait être une jeunesse qui se fane — ce devait être l'éternelle jeunesse. Aïeule et descendante lointaine, tout à la fois : la Terre était de même nature que le soleil. Ils se trouvaient maintenant au centre immobile du moyeu — là où se rejoignent les faucilles dont est armée la roue. Etre un jour entré dans ce cercle, avoir un jour été convié à cette table, c'était ne plus pouvoir jamais retomber entièrement au pouvoir des heures, sous l'illusion du temps.

La vieille Mère était toujours là, dans un silence paisible, dans la haute lumière de midi. C'était là le grand entrepôt où se fournissaient tous les greniers et toutes les resserres. Comment se pouvait-il que tant de richesse fût supportable ? C'était sans doute qu'elle ramenait l'enfance, le temps des contes.

Ce n'était pas un temps qui s'écoulait, ni qui fuyait ni qui bondissait. Mais un temps qui reposait en lui-même, qui se berçait dans l'instant éternel. La Mère d'autrefois se mirait dans son image, puis elle y pénétrait, pour devenir tout à la fois le modèle et le reflet. Mais elle demeurait toujours présente, sans aucun symbole pour la voiler, gaie dans sa solennité, solennelle dans sa gaieté.

Ce fut l'instant où Moltner vit les murailles d'or vaciller et se transmuer au sein de l'immuable. Ejnar, lui aussi, sentit que la frontière était atteinte.

Le charme était désormais rompu ; ils se retrouvèrent assis dans la tour de Godenholm. Les chandelles s'étaient presque entièrement consumées. Un tertre de cendres argentées recouvrait les braises du bois. Les temps et les mesures reprenaient leur empire ; les horloges se remettaient à tourner.

14

Ils avaient dû rester longtemps assis de cette manière, lorsqu'on frappa à la porte, et que Sigrid entra. Erdmuthe faisait annoncer que le souper était servi. Ils passèrent dans la grand-salle, où brûlaient des bougies toutes neuves et où deux tables étaient dressées : une petite en vue du repas ; une longue plaque de bois, contre le mur, en guise de desserte. Erdmuthe et Gaspard les attendaient devant celle-ci. Moltner, qui avait toujours contemplé leurs visages avec dégoût, les salua d'un air cordial ; il lui semblait qu'ils avaient subi une mutation. La source de leur gaieté, qui jusqu'à présent l'avait intrigué, car elle lui paraissait sauvage et menaçante, lui était désormais familière — il lui semblait qu'une barrière, un obstacle, qui naguère les séparait, avait fondu. Il se sentait désormais chez lui dans cette salle, et s'il en partageait la boisson et la nourriture, c'était d'une façon toute particulière.

Quelque chose, dans sa vue, avait dû se modifier : elle était plus directe, plus acérée, comme après l'opération de la cataracte : il s'en aperçut lorsqu'il s'approcha de la crédence et se fit servir par Gaspard. Selon la coutume du pays, les grosses pièces y étaient exposées. Gaspard trancha pour lui du saumon, de la dinde, du gigot de renne. Le sanglier ne pouvait manquer dans ces nuits de gelée blanche ; son image, celle de l'animal préféré du dieu Fro, était également imprimée par le moule de hêtre sur le pain de Noël qu'Erdmuthe avait cuit au four.

Les teintes de ces mets lui parurent extraordinaires. Il voyait leur luminosité rayonner en ondes. Elles s'étalaient en déferlant doucement. Et, cependant, les formes restaient strictement closes, comme renfermant en elles-mêmes le secret de leur mathématique.

Il venait de passer par une mue : il n'en fallait pas douter. Il n'avait pas seulement vu des choses inconnues, mais les avait perçues au moyen d'yeux nouveaux.

De plus, il se voyait lui-même autrement que naguère. Il s'en rendit compte, lorsqu'il tendit la main pour recevoir les plats que lui présentait Gaspard. C'était une main spiritualisée, un merveilleux instrument, que rencontrait son regard, et il n'était pas douteux qu'elle contînt des forces salvatrices, lors même qu'elle ne versait pas de remèdes ni ne maniait le scalpel. Son aspect l'emplit de bonheur. Il vit aussi que la chevalière qu'il avait longtemps portée à cette main était trop lourde pour elle, et que nulle nécessité ne la liait à lui-même. Il la fit glisser de son doigt, en songeant que cette action en annonçait bien d'autres.

Schwarzenberg avait dû le remarquer : il lui lança un sourire. Il avait recouvré sa sérénité, et ses traits s'étaient rajeunis. Leur expression tourmentée s'était effacée, et ils étaient devenus lisses comme le miroir d'une eau profonde après la tempête.

Erdmuthe servit à ce moment les entrées chaudes. Ils s'attablèrent. Ejnar fut frappé de voir Schwarzenberg assigner à Ulma la place qu'il occupait d'habitude, en sa qualité d'amphitryon, et la traiter en hôte de marque. Ses cheveux étaient redevenus sombres, mais elle était encore très belle. La lumière semblait se concentrer sur elle, comme si elle l'attirait. Un halo la détachait du groupe, pareille à l'une de ces figures rayonnantes qu'un vieux maître, laissant dans l'ombre le reste de son tableau, rapproche de l'œil, tout en l'en éloignant, comme par miracle.

« Ansgar, lui non plus, n'a pas perdu son temps cette nuit — il a remis à la cuisine une pièce des plus rares. »

Schwarzenberg désigna de la main le poisson que Gaspard et Sigrid venaient de servir, et qui occupait presque toute la longueur de la table. Sa forme était celle d'un grand congre blême, mais avec une tête qui rappelait plutôt une morue, et portait deux barbillons robustes. Les pêcheurs appelaient cet animal le « longe ». On disait qu'il remontait par les nuits de nouvelle lune et qu'il rôdait, comme un serpent blafard, sur les flots obscurs. Erdmuthe avait dû prendre la plus longue de ses turbotières pour cuire ce poisson, et n'y était parvenue qu'en le repliant en anses. Elle l'avait garni d'une large frange d'un persil qui défiait l'hiver sous les buissons nains du jardin. Ses ramures d'un vert de mousse enfermaient encore des cristaux de neige.

Le maître de maison les invita à se servir, avec le traditionnel : « A la bonne vôtre ! », tout en versant le vin. Les verres avaient une vibration joyeuse. Schwarzenberg ne semblait pas disposé à commenter ce qui venait d'avoir lieu cette nuit-là. Il se contenta de dire :

« J'espère que l'an prochain, je pourrai de nouveau vous offrir le vivre et le couvert. Quant au reste... (il sourit) ma maison est pareille à une auberge espagnole. Ses hôtes n'y trouvent rien de plus que ce qu'ils apportent avec eux. »

LA CHASSE AU SANGLIER

Les tireurs s'étaient apostés le long de la ligne. La coupe de sapins s'étendait dans leur dos, en noires dentelures ; ses branches touchaient juste le sol. Des herbes forestières, toutes jaunies, s'y étaient emmêlées et les attachaient à la terre. On eût dit des tentes dressées, refuges contre la tempête et le gel, dans la campagne enneigée. Une ceinture de joncs blafards trahissait le cours du fossé enfoui sous la neige.

Le bois était d'une splendeur presque princière. L'air, en été, y était lourd et poisseux, et des essaims de taons passaient au bord des clairières. En automne, quand dérivaient les fils de la Vierge, des légions de bolets recouvraient le sol moussu. Les baies luisaient comme des perles de corail dans les zones d'abattis.

La neige venait de cesser. L'air était exquis, comme passé au filtre des flocons ; on l'aspirait plus facilement, et il portait la voix au loin, vous faisant chuchoter sans y songer. La couche fraîche semblait défier toute imagination de la blancheur ; on entrevoyait la présence de mystères splendides, mais intangibles.

Les meilleurs postes d'affût étaient ceux où une pépinière bordait les lignes. C'est à peine si ses cimes vertes sortaient de la neige. Le champ de tir y était parfait. Richard se tenait auprès de Breyer, l'élève-forestier, dans une traverse où les branches se rejoignaient presque, de sorte qu'on y voyait à peine à trois pas devant soi. Mauvaise place, affût pour les novices. Mais son attente était si exaltée qu'il ne pensait plus aux détails, que son chagrin même fondait en lui. Il avait espéré, jusqu'au dernier moment, que son père lui donnerait une carabine ; c'était l'exaucement vers lequel tout son être s'élançait. Il n'avait pas connu de plus brûlant, de plus impérieux désir. Il voyait en rêve l'acier bleu de l'arme, son fût de noyer, les feuilles de houx gravées dans le métal. Qu'elle était donc légère, douce à la main, et plus merveilleuse que tous les jouets ! Dans l'obscurité de son canon, les rainures brillaient en spirales d'argent. Lorsqu'on l'armait, elle claquait sèchement, comme si la certitude même eût pris la parole pour emplir le cœur de joie. On pouvait affiner la détente au moyen d'un déclic — et alors, il semblait qu'une pensée suffît à déclencher le coup. Que ce joyau, que cette merveille contînt aussi la destinée et la mort : c'était là, certes, ce qui passait toute imagination. Richard sentait que sa possession donnerait à son être l'achèvement, lui ferait subir une métamorphose totale. Avant de s'endormir, à la manière des songes lucides, il se voyait parfois dans la forêt, avec elle — non qu'il voulût tirer, ce n'était pas la question, mais rien que pour se promener dans la nature en sa compagnie, comme avec une amante. Il lui revenait alors en mémoire un dicton qu'il avait lu au flanc d'une vieille cruche dont son père se servait parfois :

Toi et moi, tous les deux,
C'est assez pour être heureux.

Et même après que ses paupières s'étaient fermées, les images continuaient à se tisser. Elles l'amenaient quelquefois à des angoisses : il avait armé l'arme et voulait tirer, mais un envoûtement faisait rater le coup. Il s'y appliquait alors de toute sa volonté, mais, chose étrange, plus il l'armait, plus il y mettait de violence, et plus la carabine s'obstinait à lui refuser son office. Il voulait crier, mais le son lui restait dans la gorge. Puis il se réveillait en sursaut de son cauchemar, tout heureux de constater qu'il avait été le jouet d'un songe.

Le miracle s'accomplirait pour son seizième anniversaire. Il avait bien du mal à prendre patience, quand il voyait de jeunes chasseurs, ou des élèves-forestiers comme ce Breyer, qui n'avait que deux ans à peine de plus que Richard, et n'était guère plus grand. Mais, aujourd'hui, la forêt baignait dans un tel silence et une telle limpidité que ce désir rongeur et impétueux s'éteignait en lui. Le monde était ouaté de solennité.

Des piaillements légers parcoururent la sapinière et se perdirent au loin. C'étaient les roitelets, les nabots à la huppe d'or ; ils se sentaient comme chez eux dans ces coupes obscures, où ils picoraient les pommes de pin. Puis, venu de loin, un appel de cor courut à travers ce monde de blancheur. Le cœur se mettait à palpiter : la chasse commençait.

Une agitation se rapprochait à travers les fourrés. A mesure que le vacarme s'enflait, les battements du cœur, eux aussi, se précipitaient. Les rabatteurs aux pesants tabliers de cuir fonçaient à travers les branchages, cognant les troncs du manche de leur hache ; on entendait entre les coups leurs clameurs : « houhou, houhou, houhou ». La traque avait d'abord, tout au loin, un son de gaieté ; puis les voix se chargèrent de rudesse et de menaces. Leur accent rappelait la fumée des pipes, les alcools de fruit, les querelles au cabaret, et elles violaient le mystère des bois.

Maintenant, les froissements et les appels résonnaient tout proches, et puis un bruit de branches cassées les suivit, différent à l'oreille. Une ombre fila à travers les joncs et gagna le couvert de l'autre côté, juste entre Richard et l'élève-forestier. Bien qu'elle eût traversé le découvert, comme le fantôme d'un rêve, Richard saisit au vol tous les détails : les rabatteurs avaient forcé dans sa bauge un vieux sanglier mâle. Il le vit sauter la ligne d'un bond, comme projeté par la corde d'un arc. L'avant-train, au poitrail massif, s'abaissait de la hure à la croupe comme le côté d'un triangle. Les soies raides du dos, la crête, comme disent les chasseurs, se hérissait. Richard eut l'impression que les petits yeux le frôlaient ; dressés devant eux, les crocs luisaient, robustes et recourbés. Il aperçut aussi les dents dénudées par le retroussis des babines, qui donnaient à cette hure une expression de mépris rageur. Tout cet être avait quelque chose de sauvage et de sombrement hirsute, mais taché de rouge, comme de feu. Le groin noirâtre était bizarrement retroussé, et presque tordu ; il faisait sentir le dégoût qu'inspirait à ce libre seigneur des bois la présence de ses tourmenteurs humains, avec leur odeur insolite. Au moment où il aperçut les deux garçons, il poussa un grognement ronflant, mais sans dévier de sa course.

L'image disparut en un clin d'œil, mais elle s'imprima dans l'esprit de Richard avec la netteté sèche du songe. Elle se grava pour toujours dans sa mémoire : atmosphère de force et de terreur, mais aussi de magnificence. Il sentit ses genoux flageoler, et qu'il avait ouvert la bouche, sans qu'un cri en sortît.

L'élève-forestier semblait également

ébaubi ; il était devenu tout pâle et suivait le solitaire d'yeux écarquillés. Le monstre l'eût, pour un peu, frôlé au passage. Il avait de nouveau plongé dans la verdure, lorsque le garçon leva sa carabine et lui tira une balle de derrière, visant l'endroit où les branches vibraient encore.

Sous les fourrés épais, le coup retentit assourdissant, comme un entrechoc de cymbales. Les deux jeunes gens se dévisagèrent en silence. Entre les pins, le lourd fumet du sanglier flottait encore, mêlé au parfum de la résine et à l'odeur de la poudre, qui se dissipait peu à peu. Un second appel de cor leur parvint ; il sonnait l'arrêt de la battue. On n'avait entendu que ce seul coup de feu.

Moosbrugger, le garde-forestier, survint, courant dans la ligne, le cor brinquebalant au bout d'un ruban vert. Son nez brillait comme une escarboucle, et il lui fallut reprendre haleine avant qu'il ne se mît à sacrer. Il examina les traces et constata, dépité, que le solitaire n'avait pas déboulé en suivant la ligne, comme on s'y était attendu, mais l'avait traversée ici, en ce lieu perdu. Le conservateur des forêts et ses invités s'en reviendraient bredouilles. Moosbrugger en était vexé dans son honneur professionnel, et Richard eut l'impression qu'il devait se tenir à quatre pour ne pas calotter le jeune tireur. S'il s'était agi d'un de ses valets de chasse, il l'eût sans doute fait. Il se contenta de grincer des dents et de demander à l'élève :

« Vous savez ce que vous venez de faire ? »

Et comme le gamin, gêné, haussait les épaules :

« Je vais vous le dire : vous avez fait chou blanc. »

Sur quoi il éclata d'un rire diabolique et se remit à l'examen des traces. Richard se sentit heureux de s'en être tenu au rôle de spectateur. L'élève malchanceux avait rougi jusqu'au blanc des yeux ; il semblait mal à l'aise dans sa peau. Il grommela pour lui-même :

« Il n'est jamais content, celui-là. Si je n'avais pas tiré, il aurait aussi rouspété. »

Néanmoins, il se sentait coupable. D'abord, il s'était laissé effaroucher par le solitaire ; et puis il avait tiré sa poudre aux moineaux. Avec la même ferveur qu'au moment où il souhaitait de voir la bête déboucher près de lui, il la maudissait maintenant de lui être passée sous le nez. Il voyait déjà le conservateur des forêts, et derrière lui toute la chasse, qui s'en venaient de son côté, quittant la ligne. Sa confusion était telle qu'elle gagna Richard. Encore heureux, malgré tout, que le terrible Moosbrugger eût disparu parmi les broussailles.

Au moment où le maître de chasse arrivait à leur hauteur, la voix puissante du garde-forestier beugla dans les fourrés :

« Hallali ! Hallali ! »

Puis il sonna l'hallali, dont les notes emplirent la forêt. La chasse entière, à laquelle s'étaient joints les rabatteurs, suivit le son du cor et parvint dans une clairière qui s'étendait derrière la zone des pins. Moosbrugger y était planté devant le solitaire, qui venait d'expirer dans la neige molle. Il ne se tenait pas d'orgueil, après cette heureuse issue, et répéta son rapport au conservateur, le visage fendu d'une oreille à l'autre par un rire féroce. Il l'avait su tout de suite, bien entendu — rien que deux, trois poils roussis et le sang des poumons — tudieu, les jeunes gens n'avaient pas perdu leur temps à son école !

Tous se regroupèrent en ovale autour de la bête, les tireurs avec leur fusil en bandoulière, les rabatteurs la hache sur l'épaule. Le sanglier était renversé dans le lit de blancheur comme s'il dormait ; les petits yeux dévisageaient ses vainqueurs avec une expression presque ironique. Les hommes admirèrent la hure énorme, posée comme sur un coussin. Les défenses tranchantes luisaient, cruellement recourbées, comme du vieil ivoire. Près de l'attache du col massif, les pattes, les honneurs d'avant, comme les appelait Moosbrugger, pointaient en l'air, raidies. La toison aux soies sombres était nuancée de rouille ; le dos seul souligné d'une bande d'un noir pur. Et toujours s'étalait, pâlissant par les bords, une grande tache de sang.

A cette vue, Richard se sentit le cœur serré ; il lui paraissait presque indécent qu'on pût ici se repaître du spectacle de la proie. Jamais une main ne l'avait touchée. Et maintenant, la première surprise passée, on l'empoignait par les oreilles et les pattes, on la retournait en tous sens. Le garçon cherchait à étouffer le sentiment qui montait en lui : qu'en cet instant, le sanglier lui était plus proche, plus familier que ses poursuivants et ses chasseurs.

Après avoir bien admiré et bien manié la bête, ils se souvinrent de l'heureux tireur qui l'avait abattue. Le conservateur des forêts cueillit un rameau de pin qu'il plongea dans la blessure ; puis il présenta, sur le plat de la crosse de son fusil, cette offrande emperlée de sang, cependant que Mossbrugger sonnait l'hallali. Le jeune homme se laissa entourer, avec un orgueil timide, et fixa la branche à son chapeau. Tous les yeux étaient fixés sur lui, rayonnants de bienveillance. A la cour, à la guerre et entre chasseurs, on fait grand cas du hasard heureux et le porte au crédit de son bénéficiaire. C'est, dans une carrière, un auspice favorable.

Une gourde pleine d'alcool de fruit passa de main en main ; le conservateur des forêts y but la première gorgée, puis, s'étant secoué, il la tendit à l'élève-forestier, avant tous les autres. Chacun cherchait maintenant à échanger un mot avec lui, et il ne se lassait pas de raconter comment le solitaire avait débouché devant lui. Un coup de maître — les envieux mêmes devaient l'avouer. Il décrivait comment il avait aperçu la bête, et comment elle avait bondi vers lui. Comment aussi il ne l'avait pas tirée de face, mais d'un peu en arrière, obliquement, alors qu'elle plongeait sous le couvert des arbres. Mais il l'avait vue distinctement marquer le coup. Moosbrugger ne tarissait pas d'éloges sur son compte.

Seul, Richard arborait une mine contrainte ; il croyait être le seul à se sentir dépassé par l'événement. Il apprenait avec surprise que Breyer l'avait perçu tout autrement que lui, et il fallait bien lui donner raison, puisque le sanglier était là, renversé, pour confirmer son récit. Il apprit ici, pour la première fois, que les faits modifient les circonstances qui les ont amenés — ce qui ébranlait le monde de ses idées. Les cris rudes des chasseurs lui étaient pénibles. Et, de nouveau, il lui sembla que le sanglier était bien au-dessus d'eux tous.

Moosbrugger tira posément son coutelas de sa gaine et en éprouva le fil sur son pouce. Malgré l'âpre gel, on ne pouvait laisser le sanglier dans sa peau : il était bien trop échauffé. Le visage du chasseur prit un air ancestral, illuminé d'une sorte de ricanement solennel, qui étirait de haut en bas les rides profondes de sa face. Il s'agenouilla sur l'une des pattes de derrière et empoigna l'autre de la main gauche. Puis il trancha de sa lame la peau tendue, et la fendit jusqu'au sternum. Il commença par l'amputer de deux objets semblables à des œufs d'oie, d'un bleu scintillant, et les jeta derrière lui, tandis que les rabatteurs ricanaient d'un air servile :

« Attrape, renard, voilà ton dîner ! »

Puis il suivit soigneusement un cordon de muscles. L'âcre fumet qui baignait la bête devint piquant ; les chasseurs reculèrent, poussant des jurons. Moosbrugger enfonça ses deux mains dans le ventre béant et remonta entre les côtes, en tira des viscères bleus et rouges, en réservant les parties nobles. Le cœur était déchiqueté par la balle ; malgré cette blessure, le sanglier avait couru près de quatre-vingt-dix pas. Un élève-garde ouvrit la panse, pour la rincer dans la neige ; elle était toute gonflée de faines broyées. Bientôt, le corps profané se fut changé en auge rouge, dont la vapeur sanglante continuait à s'élever dans l'air glacial.

Moosbrugger passa un tour de corde autour de la mâchoire supérieure, derrière les crocs ; les rabatteurs s'y attelèrent et partirent en traînant l'avant-train hirsute. Les chasseurs allumèrent leurs pipes et, devisant gaillardement, ils se joignirent au cortège. La chasse était finie.

Ce fut le premier soir où Richard s'endormit sans avoir songé au fusil ; mais ce fut le sanglier qui en prit la place dans ses rêves.

FIN

TABLE

Achevé d'imprimer le 5 avril 1980
sur les presses de l'Imprimerie Carlo Descamps
à Condé-sur-l'Escaut
pour Christian Bourgois, éditeur à Paris

Dépôt légal : 2e trimestre 1980
N° d'éditeur : 503
N° d'imprimeur : 2074

Imprimé en France